Georg Glonner

Ist die Kirche am Ende?

Georg Glonner

Ist die Kirche am Ende?

VERLAG GEORG GLONNER

Erste Auflage 2017

Umschlag und Illustrationen: Georg Glonner
Umschlagabbildung: Die Frauenkirche verblasst,
Fotobearbeitung von Georg Glonner
Druck und Bindung: Book on Demand GmbH, Norderstedt
Printed in Germany
ISBN (Hardcover) 978-3-946439-43-1
ISBN (epub) 978-3-946439-52-3
ISBN (Paperback) 978-3-946439-82-0

Weitere Informationen zu diesem Buch und dem gesamten
lieferbaren Verlagsprogramm finden Sie unter
www.geokaste.de

Inhaltsverzeichnis

Vorwort

Als ich Anfang Mai 2012 mit der S-Bahn unterwegs war, saß mir ein Liebespärchen gegenüber, Beide aus der gymnasialen Oberstufe. Das Thema ihres Gesprächs kam auf den Religionsunterricht; da horchte ich auf. Er entfaltete seine Argumentation: Gott gebe es ja ohnehin nicht. Es habe folglich keine Wirkung, wenn man ein Kreuz anbete. Genauso gut könne das Mädchen ihren Kindern einmal von der Heilkraft eines Regenschirmes erzählen und in fünf bis sechs Generationen würden deren Nachkommen eben einen Regenschirm anbeten. Die Wirkung sei die Gleiche – nämlich keine.
Das Mädchen machte mehrmals „Hm“. Meinem Eindruck nach stimmte sie der Rede ihres Freundes nicht zu, wusste aber kein schlüssiges Gegenargument.
Diese Situation ist mir gut vertraut. Mit größter Selbstverständlichkeit wird heute von Schülern und auch Erwachsenen immer wieder behauptet, dass Religion etwas für Naiv-Rückständige sei und oft genug fehlen die schlüssigen Begründungen, um darauf parieren zu können. Das vorliegende Buch ist seit 2008 aus dem Bedürfnis heraus entstanden, das Wesentliche des christlichen Glaubens gerade inmitten der viel beschworenen Kirchenkrise in einfachen aber fundierten Worten darzulegen. Es will denen Stütze sein, die gegen die Argumentationen unserer Zeit gerne Erwiderungen zur Hand haben wollen. Es will versuchen, die zu entlarven, die die Kirche am liebsten ausmerzen wollen und deren Motive enttarnen. Es möchte die Stärken aufzeigen, die diese Kirche innerhalb der Welt nach wie vor ent-

faltet, auch wenn es unseren Blicken oft entschwunden ist. Wie sich mir in vielen Gesprächen bei einschlägigen Vorträgen zeigte, wird es so genannte *Kernchristen,* die ihr Leben an ihrer Religion ausrichten, in ihren Überzeugungen bestätigen, *religiös Distanzierten* aber, die nur punktuell am religiösen Leben teilnehmen, soll es Stärkung darin sein, dass ihr Glaube, der als „Hintergrundmusik des Lebens“[1] keine geringe Rolle spielt, eine tragfähige Lebensgrundlage darstellt. Interessierten *Nichtreligiösen* will es zeigen, was denn nach wie vor viele Menschen weltweit dazu bewegt, Christen zu werden.

Laien wie Katecheten und Religionslehrkräften möchte es Wege aufzeigen, wie sie ihren Glauben leben und weitergeben können. Dabei versteht es sich trotz seiner wissenschaftlichen Arbeitsweise nicht als wissenschaftliche Untersuchung im strengeren Sinne. Denn es zieht auch Fernsehdokumentationen und Artikel aus der Tagespresse heran, um vor allem unserer gegenwärtigen Lebenswelt möglichst nahe zu kommen; denn solche Quellen spiegeln den gedanklichen Hintergrund unserer Gesellschaft natürlich sehr treffend wieder.

In dieser Untersuchung wird der Begriff *Kirche* fast durchweg im Singular verwendet. Es wird darunter die gesamte Gemeinschaft der Glaubenden mit Gott verstanden. Auch wenn gelegentlich der Eindruck entstehen könnte, die Kirche werde mit der römisch-katholischen Konfession in eins gesetzt, so trifft das nicht zu. Natürlich verfasste ich diese Schrift aus „meiner“ Konfession heraus. Damit soll keine „andere“ Konfession abwertet werden, sondern vielmehr wird „meine“ Konfession an der Kirche Gottes gemessen und in Frage gestellt.

1. Alte Kirche in moderner Gesellschaft

1.1. Ursachen für die Kirchenkrise?

Glaube und Kirche verlieren in unserer Gesellschaft dramatisch an Boden, [2] woran auch der letzte Papstbesuch vom 22. bis 25. September 2011 nichts änderte. Zu den „dringend geforderten Reformen", wie mehr Ökumene, Anerkennung von Homosexualität und Pille, Aufhebung des Priester-Zölibats und Frauenpriestertum sowie mehr Mitspracherechte der Laien in der Kirche, hatte Benedikt XVI. – so wurde vielfach behauptet – nichts Bahnbrechendes gesagt. Und auch die große Ehe-Synode 2015 unter Papst Franziskus hat keine radikalen Änderungen gebracht. Immer weniger Menschen besuchen die Gottesdienste, immer weniger Männer werden Priester. Woran liegt es, dass es mit der Kirche in Europa nach zwei Jahrtausenden so augenscheinlich zu Ende geht?

Es gehört zu den Gesetzen der Evolution, dass bestehen bleibt, was sich an veränderte Lebensbedingungen anpassen kann. Was dazu nicht in der Lage ist, stirbt aus. Ist auch die christliche Kirche ein Dinosaurier, dessen Zeit nun endlich abgelaufen ist?

Kann sie in unserer postmodernen Gesellschaft einfach nicht mehr mithalten – diese Institution aus uralten, autoritären Strukturen? Hat sie sich überlebt? Als Postmoderne begreifen wir uns in einer Zeit *nach* der Moderne. Letztere definierte sich selbst durch Aufklärung, Industrialisierung und Fortschrittsglaube. Diese Ära währte im 18. und 19. Jahrhundert. Die Postmoderne ist demgegenüber „*die sich selbst reflexiv zu sich selbst gekommene Moderne' bzw. die ‚Aufklärung der Moderne über sich selbst'. Damit ist gemeint, dass der postmoderne Blick die Licht- und Schattenseiten der Moderne sieht…*"[6] Das ist ein hoher Anspruch: Die postmoderne Gesellschaft reflektiert sich selbst. Entsprechend wird heute so viel geredet, diskutiert und getalkt wie nie zuvor, und kein Tabuthema bleibt ausgespart. In der Kirche wird zwar auch viel geredet. Zumeist ereignet sich das in der Öffentlichkeit durch Predigten. Diese sind salbungsvoll, gehen aber für viele Menschen an deren Lebenswelt vorbei. In unserer Welt des rollenden Rubels wird die Kirche weithin als ein Dienstleistungsunternehmen unter vielen anderen wahrgenommen – eine Ansicht, die von zahlreichen Mitarbeitern der Kirche selbst geteilt wird. Immer weniger Christen sehen ein, weshalb sie in Form der Kirchensteuer einen Pauschalbetrag an ihre Kirche entrichten sollen, obwohl sie das kirchliche Angebot gar nicht oder kaum wahrnehmen. Zentrale Bedürfnisse wie Glück, Liebe, Geborgenheit verspricht unsere globalisierte Welt durch grenzenlosen Konsum zu erfüllen – durch die Digitalisierung maßgerecht auf den Einzelnen zugeschnitten. Auch dazu braucht es keine langweiligen Gottesdienste mehr.

Unserer globalisierten Welt scheint die alte Kirche nur hilflos im Wege zu stehen. Anders als früher, da die Menschen kaum die Umgebung ihres Kirchturms verließen, ist heute die ganze Welt eng zusammengerückt und vernetzt. Internationale Stars wie die Russin Anna Netrebko oder der Chinese Lang Lang treten weltweit auf; via Internet können wir Informationen und Waren aus aller Welt direkt beziehen und sind per Billigflieger in wenigen Stunden für wenig

Geld fast überall auf unserem Globus. Dabei erleichtern uns Sprachen, die überall verstanden und Zahlungsmittel, die weltweit akzeptiert werden, das Leben vehement. Letzteres weist uns darauf hin, dass wir Globalisierung am deutlichsten im wirtschaftlichen Bereich wahrnehmen. Das bringt einen globalen Austausch von Ideen und Weltanschauungen mit sich. Die Kirche wirkt demgegenüber auf Viele kleinkariert und beschränkt.

Kein anderes Medium hat unsere globale Welt in so kurzer Zeit so grundlegend und nachhaltig verändert, wie die interaktive Vernetzung. Fast in jedem deutschen Haushalt steht ein PC oder iPad. Unsere Handys, durch die wir jederzeit und überall erreichbar sind, haben sich innerhalb weniger Jahre von reinen Mobiltelefonen zu vielseitigen und leistungsfähigen Minicomputern entwickelt. Auch die gesamte staatliche und kommunale Verwaltung ist digitalisiert – mit allen Vor- und Nachteilen. Gerade bei der Jugend, die mit der digitalen Welt groß geworden ist, haben soziale Netzwerke wie *facebook* und *What's-App* eine Revolution der Lebensgestaltung eingeläutet. Hier kann sich jeder mit jedem vernetzen und unendlich viele Informationen austauschen. Wir nehmen uns permanent inmitten einer großen Gemeinschaft wahr. Da nutzt es der Kirche nicht einmal, dass ihre Pfarrbüros heute auch elektronisch erreichbar sind und Pfarreien und Bistümer über eigene Websites verfügen. Vielleicht sollte sie statt Sakramenten Chattrooms einrichten?

Auch widerspricht die Pluralität unserer Gesellschaft dem Anspruch des Christentums, alleine die Wahrheit zu verkünden. Jede Person hat das Recht, sein Leben völlig frei und unabhängig von gesellschaftlichen Vorgaben wie Zunftordnung, Kleiderordnung, religiöser Zugehörigkeit, geschlechtlicher Vorgaben und so weiter zu gestalten – solange die demokratische Verfassung unserer Gesellschaft und die Freiheit aller anderen nicht in Frage gestellt werden. Damit geht die Auflösung jeder vorgegebenen Ordnung einher. Pluralität könnten wir definieren als *„das ‚ungeordnete' Nebeneinander vieler Einstellungen und Verhaltensweisen. Pluralismus ist das bewusste Umgehen mit Pluralität."*[4] Die Kirche steht vor diesem Hintergrund im Verdacht, intolerant zu sein. Ihre fundamentalistisch anmutenden, engen Vorschriften und Dogmen wollen sich die mündigen, pluralen Bürger nicht mehr gefallen lassen.

Wir haben seit Beginn der Industriellen Revolution – und besonders in der jüngsten Vergangenheit – so gewaltige technische Fortschritte gemacht, und es sind uns so beeindruckende Leistungen gelungen, dass uns in absehbarer Zeit doch alles möglich scheint. Da ist es doch in unser aller Interesse, das Machbare auf alle Bereiche unseres Lebens zu übertragen. Es gelingt uns beispielsweise immer besser, schwere Krankheiten zu besiegen. Wenn die Kirche sich in unserer Welt hervortut, dann sperrt sie sich zumeist gegen neue Wege, die dem Menschen Heil und Gesundheit bescheren können. Die Kenntnis von der Welt, in der wir leben, hat enorm zugenommen. Allein während der letzten zwanzig Jahre ist unser Horizont sowohl nach außen (Weltall), als auch nach innen (Atomphysik) gewaltig erweitert worden. Entsprechend hat sich seit einigen Jahrzehnten der Trend verstärkt, einen *„naturwissenschaftlichen Generalschlüssel"* [5] auf alle Bereiche unseres Lebens anzuwenden. Und das bedeutet dann: Wenn sich Gott nicht greif- und messbar in unser sich allein an Fakten festmachendes Denken einfügen lässt, kann es ihn nicht geben. Und damit ist klar: Wir müssen in unserer fortschrittlichen Gesellschaft über Gott nicht mehr reden, weil es ihn ohnehin nicht gibt – allenfalls, um das rückständigen Menschen klar zu machen, wie bei dem Pärchen im Vorwort.

Für die Menschen früherer Zeiten stand ja gewiss außer Frage, dass diese Welt von (einem) Gott erschaffen wurde. Sie wussten sich die Welt eben nicht besser zu erklären. Da wir es heute aber genauer wissen, wirkt die Kirche mit ihren altertümlichen Geschichten von Schöpfung und Wundern nicht mehr glaubwürdig. Seit dem 19. Jahrhundert hat sie die Moderne offen bekämpft. In unserer Wahrnehmung sperrt sich diese alte Institution nach wie vor hartnäckig gegen jede Art von Fortschritt, die ihr althergebrachtes Weltbild ins Wanken bringt. So sind die „*Dunkelmänner der Kirche*“ in den Medien eine feste Größe. [6] Daran ändert auch der neue Wind nichts, der mit Papst Franziskus durch die Kirche weht. Es scheint also nicht überraschend, dass diese Kirche der Ignoranz und Unvernunft auf der Strecke bleiben muss.

1.2. Religionsformen der Postmoderne

Hat die Kirche also abgewirtschaftet, weil der postmoderne Mensch keine Religion mehr braucht? Das trifft so nicht zu. Denn tatsächlich sind wir auch ohne „Religion“ und Kirche von Natur aus spirituell. Entsprechend hat die postmoderne Gesellschaft religiöse Angebote hervorgebracht, die unsere Sehnsucht nach Religiösem abdecken sollen. Eines davon ist die Esoterik, der Klassiker unter den neuen Religionen. Sie bedient heute einen auch in Deutschland rasch wachsenden Markt. Was ist aber unter Esoterik zu verstehen? Die griechische Vorsilbe *eso-* bedeutet: *das, was das Leben (innen) ausmacht.* Damit verband man in der Antike die Mysterienkulte. Die Inhalte wurden nach außen geheim gehalten und waren nur einem Kreis von „Eingeweihten“ zugänglich. Der Begriff fasst heute eine Vielzahl von Strömungen moderner Religionen zusammen, wie beispielsweise New Age, Astrologie, Okkultismus, Feng Shui, Baumhoroskope, Pendeln, Tarot, Reinkarnation, UFOlogie, Satanismus und ein buntes, oft säkularisiertes Gemisch aus östlicher Religiosität wie Yoga, Tai Chi oder buddhistische Spiritualität – als kalorienarme Versionen in einer verflachten, dem westlichen Geschmack angepassten Form. Es ist wie mit dem Essen im China-Restaurant: Wer würde hierzulande schon Weiße Ameisen, leckere Maden oder Hunde essen wollen?

Die gegenwärtige Esoterik versteht sich in erster Linie als Lebenshilfe. Echte Esoteriker haben kein Problem damit, nach Gutdünken im religiösen Selbstbedienungsmarkt „einzukaufen“, um sich aus dem Erworbenen selbst eine eigene Spiritualität zusammenzustellen. Esoterik ist folglich keine fest umrissene Religionsgemeinschaft. Da sich so mancher Esoteriker selbst gar nicht als solcher wahrnimmt, sondern sich als guten Christen bezeichnen würde, ist deren Verbreitung in der Gesellschaft leicht zu übersehen. Denn für die meisten Menschen sind esoterische Elemente inzwischen selbstverständliche Bestandteile des Alltags.

Nur führt der sorglose Umgang mit solchem „Geheimwissen“ zur allmählichen Verwischung und Aufweichung des spezifisch christlichen Glaubenswissens. Dieser Prozess spiegelt sich in einer Statistik aus der Schweiz wieder, die mit einem gewissen Spielraum auch für Deutschland zutreffen wird. 1989 und nochmals 1999 wurde nach dem religiösen Verhalten der Menschen gefragt. Wie sich zeigte, wuchs der esoterisch-neureligiöse Markt von einem Wert um 18% auf 23 % rasch an. Für die Kirche ist alarmierend, dass auch der Anteil der Synkretisten (Esoteriker, die meinen, gute Christen zu sein) von ca. 21 % auf ca. 24 % gestiegen ist. Diese Expansion geht klar auf Kosten der „echten Christen", deren Anteil im gleichen Zeitraum von etwa 18 % auf nur noch 12 % schrumpfte.[7]

Aber nicht allein moderne Religionen bieten uns Religiöses. Genau besehen kommt unsere gesamte Marktwirtschaft mittlerweile wie eine Religion daher. Das wird von Werbung und Marketing durchaus bewusst eingesetzt, denn sie bedienen sich seit langem sehr intensiv christlicher Chiffren, um den Verbrauchern ihre Botschaft von Sinn und Glück im Konsum zu vermitteln.

Es muss uns nicht wundern, wenn so nüchterne Dinge wie der Markt oder auch das Gesundheitswesen religiöse Züge annehmen können. Der Mensch ist ganz offensichtlich von seiner Natur her ein *homo religiosus*, ein religiöses Wesen. Bereits vor ca. 100.000 Jahren hatten die Urmenschen, die ihre Toten auf dem Berg Karmel in Nordisrael bestatteten, den Verstorbenen Objekte des alltäglichen Lebens und Kultgegenstände mit ins Grab gegeben.[8] So etwas tut man nur, wenn man an irgendeine Form von Jenseits glaubt, in dem diese Objekte eine Funktion ausüben können. Und nachdem wir davon ausgehen dürfen, dass Religion nicht von diesen frühen Menschen „erfunden" wurde, ist Religiosität im Menschen wohl schon viel länger fest verwurzelt.

Der Kult des Marktes ist Konsum, seine Gebete sind Werbeslogans. Die Lehrer und Propheten des Marktes sind die Manager, Börsianer und Wirtschaftsweisen. Die Heilsbotschaft des Marktes lautet: Glück und Frieden in dieser Welt durch Konsum. Da der Markt nicht auf ein höheres Wesen oder ein Jenseits abzielt, will er das Paradies auf Erden mit enormem Aufwand im Hier und Jetzt schaffen. Seine

heiligen Orte sind Banken und Kaufhäuser. Dazu ist Folgendes bemerkenswert: als das Münchner Kaufhaus Oberpollinger Ende 2007 erweitert wurde, geschah das über jener Grünfläche, auf der bis 1938 die Münchner Hauptsynagoge gestanden hatte. Der alte, heilige Ort wird durch den modernen „Kult" neu erfüllt. Seine Liturgie entfaltet der Markt im Konsum – seit langem fordern Unternehmer offene Geschäfte auch am Sonntag. Im Onlinehandel ist das bereits vollumfänglich verwirklicht. Sein großes Ziel ist die Überwindung des Todes – faktisch die Ursache aller Religionen – im Hier und Jetzt. Eine neue Studie lieferte im Oktober 2016 neuen Zündstoff in der Diskussion der Forscher über die maximale Lebenszeit des Menschen.[9]
Angesichts dieser „Erlösung im Diesseits" durch Ratgeber, Internetplattformen, in Krankenhäusern, Wellnesseinrichtungen, ganzheitlichen Bildungsangeboten und Konsumtempeln bedarf der moderne Mensch aus seiner Sicht keiner verstaubten Kirche mehr mit ihrem unsichtbaren, wissenschaftlich nicht greifbaren Gott – allenfalls noch als glitzernden Zierrat für Familien-Feiern.

Mit dieser Feststellung könnten wir dieses Buch schon wieder beschließen – wenn das alles so plakativ einfach wäre.

2. Eine Suche nach dem richtigen Blickwinkel

2.1. Ist Erlösung im Diesseits möglich?

Wir haben das moderne deutsche bzw. europäische Weltbild in plakativen Strichen umrissen – nicht polemisch, sondern aus einem Sammelsurium von Thesen, mit denen ich tatsächlich im Religionsunterricht konfrontiert wurde. Ist das aber die alleinige, allgemeingültige Perspektive unserer Lebenswelt oder gibt es Alternativen? Danach wollen wir jetzt suchen. Vielleicht finden wir so die Ursachen, weshalb die Kirche heute in der Krise steckt.

„Für den deutschen Philosophen Walter Benjamin stellte sich schon 1921 der Kapitalismus als ‚Kultreligion' dar. Carl Amery formulierte die brisante These, dass die christlichen Kirchen die scheinbare Koexistenz mit dem Totalen Markt nicht überleben werden."[10] Da Amery trotz zweifellos guter Ansätze in der Kirche leider nur eine loyale Aktivistengruppe sieht, die nun erreichen soll, was den Grünen nicht gelungen ist, instrumentalisiert er die Kirche in der gleichen Weise, wie er das vom Totalen Markt behauptet.[11] An konkreten Beispielen wie etwa einem Ferienclub in Afrika zeigt der Filmessay „Das Blaue vom Himmel", wie die Religion des „Totalen Marktes" ihre Seelsorge entfaltet und auf diese Weise den traditionellen Kirchen mit deren eigenen Methoden und Ansätzen das Wasser abgräbt. Manfred Lütz hat die gleiche Tendenz auch für unser Gesundheitswesen beschrieben und nachgewiesen.[12]

Der Allmachtsanspruch der „Marktreligion" ist uns aus dem Mund von Politikern und Ökonomen erschreckend vertraut. Gerade Bundeskanzlerin Angela Merkel wiederholt geradezu litaneiartig, was im Filmessay bereits vor ihrer Regierungsübernahme vorgesungen wurde: *„Es gibt keine Alternative"*.

Der Totale Markt beherrscht heute fast alle gesellschaftlichen Bereiche als Leitsystem und Quasireligion. Dies hat schwerwiegende Folgen für die christlichen Kirchen. Józef Niewiadomsky, umreißt die Religion des Totalen Marktes entsprechend folgendermaßen:

Der Totale Markt ist die einzige Religion, die nicht entsühnt, sondern verschuldet. Er zelebriert eine Gnaden-lose Gesellschaft, die allein der Bedürfnisbefriedigung (mit vorausgehender Bedürfniserweckung) dient; ohne Transzendenz und ohne Erfüllung. Nach dem Erwerb bringt das Erworbene nicht den erhofften Sinn. Überhaupt ist die Erfüllung der Bedürfnisse auf das *Sofort* angelegt. Damit zersetzt der Markt jede Kultur der Hoffnung. Der Mensch wird so lange umworben, bis er sein Geld ausgibt. Dann ist er uninteressant – es sei denn für ein neues Geschäft.

Angesichts eines fehlenden Gottes wird der Mensch selbst vergöttlicht: in Körperkult, Fitness, Jugendwahn und Gesundheitskult.[13] Lütz spricht von einer „Gesundheitsreligion" als gesamtgesellschaftliches Phänomen mit Kult und Heilshoffnung.[14] Gesundheit ist aber heute tatsächlich bereits kein (eigenständiger) Kult mehr; es ist als eine der transzendenzlosen Heilsverheißungen in den Totalen Markt integriert worden – das Heil im physisch-psychischen Sinne. Das Ziel ist das oben bereits genannte: das (diesseitige) ewige Leben. Der Tod, das Problem, das alle Religionen irgendwie zu überwinden suchen, will der transzendenzlose Markt mit allen wissenschaftlichen Mitteln der Moderne definitiv lösen. Gesundheit ist somit nicht mehr das eigentliche Ziel, sondern das entscheidende Mittel, den Tod hier und jetzt zu überwinden.[15]

Der Totale Markt ist wert-neutral und damit wert-los. Da ein erstrebenswertes Jenseits fehlt, erschafft er sich Paradiese auf Erden, *all inclusive*, allerdings auf Kosten der Umwelt. Insgesamt geht die Verwirklichung von vermeintlichem Sinn und Glück im Hier und Jetzt zu Lasten der eigenen Zukunft. Das betrifft Millionen Hungernde als „Kollateralschaden" unseres Wohlstandes genauso wie die Überfischung der Meere, das Abholzen der Regenwälder, die dramatische Zunahme der Flüchtlinge, die Halbierung der Zahl aller Wirbeltiere weltweit seit 1970 und vieles mehr. 2016 lag der Tag, an dem wir der Erde mehr Ressourcen entnehmen, als sie nachbilden kann, theoretisch bereits Anfang August. Denken wir nur an die Folgen der Finanzkrise seit 2008: Durch den Zusammenbruch der isländischen Bankenbranche haben alle Isländer eine Schuldenlast pro Kopf erworben, die sie über Generationen nicht mehr abzahlen können. Die auf Kostenreduzierung zurückzuführenden Nachlässigkeiten, die im Mai 2010 zur Explosion der Ölplattform *Deepwater Horizon* führten, sind ein weiteres, trauriges Beispiel dafür, wie selbstmörderisch der Markt denkt und handelt. Auch zur Stunde lässt sich noch immer nicht abschätzen, welche apokalyptischen Folgen das Monate lang sprudelnde Bohrloch für den gesamten Nordatlantik noch haben wird; selbst wenn man in den Nachrichten nichts mehr davon hört. Über das vorhandene Mikroplastik, an dem sich das Öl anlagert, gelangt es über die Fische nach wie vor in unsere Nahrungskette. Und endlich ist nun auch von kritischen Stimmen aus den USA zu

hören, dass das Fracking zur Gewinnung von Erdgas großflächig das Grundwasser verseucht.[16]
Eine weitere Gesetzmäßigkeit des Marktes ist es, dass er nur so lange sozial ist, wie er Konkurrenten ausstechen muss. Nach dem Zusammenbruch des Sozialismus wurde der Kapitalismus im „Neoliberalismus“ unsozialer als er es je zuvor war. Davon legen auch die Hetzreden des damaligen Bundeskanzlers Schröder (SPD) oder des ehemaligen Vizekanzlers Westerwelle (FDP) gegen Langzeitarbeitslose und Hartz-IV-Empfänger ein beredtes Zeugnis ab. Und die Parolen gegen Flüchtlinge, mit denen 2015/16 die AfD groß wurde, sind meiner Meinung nach gleichfalls hier zu verorten.
Dass der Totale Markt eine Religion ist, der sich die Politik längst zu Füßen geworfen hat,[17] erkennt man, indem „Not leidende Banken“[18] ohne große Debatten durch sofort bereitgestellte 100-Milliarden-Opfer gestützt wurden, anstatt die eigentlichen Verschulder zur Verantwortung zu ziehen und den Markt sich selbst regulieren zu lassen, um inzwischen das Vermögen der Bürger zu schützen. Vergegenwärtigen wir uns, wie knauserig und schwerfällig wesentlich geringere Mittel für sozial schwächer Gestellte, Hungernde in Afrika oder die uns alle noch unmittelbarer betreffende Klimaerwärmung ins Laufen kommen. Die Regierungen lassen sich mit Arbeitsplätzen erpressen, weil ihr Bekenntnis zu mehr Wachstum sie von der Wirtschaft abhängig macht. *Wachstum* ist das Zauberwort einer längst vor den Problemen und Fehlern der Vergangenheit kapitulierenden, ideenlosen Politik, die keine Ahnung hat, wie sie ihre aufgetürmten Schulden-Gebirge je abzahlen soll.[19] Greenpeace skandierte 2008 mit Recht: *„Wäre die Welt eine Bank, hättet ihr sie längst gerettet.“*

Beim Besuch des deutschen Bundespräsidenten Wulff im Oktober 2010 in Moskau mahnte der russisch-orthodoxe Patriarch Kyrill I. an, das religiöse Bewusstsein sei in einigen westeuropäischen Ländern so gefährdet wie in der ehemaligen Sowjetunion. *„'Ich bin zutiefst davon überzeugt, dass die moderne Zivilisation dieselben Fehler macht wie die Sowjetunion.'* [...] *Zwar werde der Glaube mit einer anderen Begründung aus dem öffentlichen Leben entfernt als einst von den kommunistischen Machthabern in Moskau, das Ergebnis sei aber ebenso ‚Beseitigung und Demontage des religiösen Bewusstseins.'* [...] *Die Religion werde heute im Namen der Menschenrechte aus dem öffentlichen Leben verbannt.*“[20] Wie kommt Kyrill I. darauf? Religion – die Kirche – steht der Marktwirtschaft offenbar im Wege, weil sie plausible, echte Alternativen zum Heil durch Konsum bereithält. Denn wer für sein Leben einen Sinn gefunden hat oder etwa im Fasten Selbstverzicht übt, der sabotiert gleichsam den auf dauerhaftes Wachstum ausgerichteten „göttlichen“ Kapitalismus. Insofern hat Kardinal Gerhard Ludwig Müller in gewisser Weise Recht, wenn er feststellt, die Kirche würde heute in Deutschland systematisch bekämpft und verfolgt.

2.2. Blicke hinter die Kulissen der glitzernden Marktreligion

Die kapitalistische Marktwirtschaft als Religion? Das ist ganz und gar nicht so abwegig, wie es auf den ersten Blick erscheinen mag. Vielmehr entspricht diese „Religion“ genau dem, was die Menschheit mit Religion im engeren Sinne seit Jahrtausenden verbindet: Fruchtbarkeit, Wachstum, ewiges Leben.[21] Diese Art von Religion begegnet uns bereits in den Kulten der hellenistisch-römischen Herrscherideologie. Und diese Zeit liegt, von den Zeitdimensionen der Evolution her betrachtet, nur wenige Augenblicke zurück – wir sind also von unserer geistigen Entwicklung her dieselben Menschen und von den gleichen Bedürfnissen getrieben. Über die Marktwirtschaft sagte Klaus Kleber einmal, es gebe zwei wesentliche Gefühle, die das System beherrschen: Habgier und Angst. Das gilt für unsere Natur allgemein. Gelänge es jedem Einzelnen von uns, seine Habgier zu zügeln und ohne Angst auf die Mitmenschen zuzugehen oder Neues zu wagen, würde der ganze Zauber des Totalen Marktes, der uns tagtäglich in Atem hält, einfach verpuffen; so wie es die Milliarden Euro spekulierender Investmentbanker tun.

Michael Maier hat ein erhellendes Buch geschrieben, das Einblicke in die Strukturen dieses Totalen Marktes gibt. Aldous Huxley warnte bereits 1946 vor einer „*Wohlstandstyrannei Utopias*", und einem daraus folgenden „*übernationalen Totalitarismus, hervorgerufen durch das soziale Chaos, das sich aus raschem technischen Fortschritt*" ergeben kann.[22] Matthias Weik und Marc Friedrich sind der Auffassung, dass eine kleine Finanz-Elite die Weltwirtschaft bis zum Crash vor sich her treibe.[23] Bei einer solchen Machtkonzentration sind Preise nicht mehr Ergebnisse von Angebot und Nachfrage, sondern von Willkür, wie es die Börsenspekulationen mit Lebensmitteln zeigen. Durch Lohn- und Preisdumping vertreiben Großkonzerne kleine und mittlere Unternehmen oder kaufen sie systematisch auf. Auch dieses System funktioniert nur, weil die Unternehmen nicht von Verantwortung der Unternehmer, sondern von der Profitgier ihrer Aktionäre geleitet werden.[24]

Doch ist unsere Art der Globalisierung wirklich die einzige Alternative? Im Universum verschwindet nichts, sagte Albert Einstein. Wenn also höhere Qualität erreicht werden soll, so hat das natürlich seinen Preis. Wenn der aber nicht an uns Konsumenten weitergegeben wird, wenn wir also zu Dumpingpreisen einkaufen können, muss es zwangsläufig andere geben, die für uns den Rest bezahlen. Gerade das Drücken der Lieferantenkosten stellt heute ein Problem dar. Denn der hohe Qualitätsstandard für Billigware erfordert deren Anfertigung in so genannten „Billig-Lohn-Ländern" unter oft genug menschenunwürdigen Bedingungen. Zumeist sind es Kinder und junge Frauen, die ihre Rechte nicht kennen und unter erbärmlichen Bedingungen etwa in Bangladesh schuften, für Großaufträge beinahe rund um die Uhr.[25] Überstunden werden nicht oder weit unter Tarif bezahlt. Und man bedenke noch den klimapolitisch verantwortungslos hohen Schadstoffausstoß, um diese billig gefertigten Produkte um den halben Globus zu uns Verbraucher zu schaffen – per Flugzeug oder Containerschiff.

Was das Ganze so bedenklich macht – auch in ökologischer Hinsicht – offenbart am Beispiel der Billigflieger die neue Mentalität der Konsumenten: Man hätte das Angebot ja gar nicht genutzt, wenn es nicht so billig wäre.[26] Das System funktioniert so gut, weil es von mehreren Motoren befeuert wird:

- Sinkende Einkommen und wachsende soziale Nöte zwingen viele Menschen dazu, billiger einzukaufen. Das „Reformgesetz" Hartz IV der sozialökologischen Regierung Schröder hat den Trend noch verschärft. Und einer bemerkenswerten Notiz der HÖRZU zufolge offenbart sich auch die permanente Klage der Wirtschaft angesichts eines drückenden Fachkräftemangels in Wahrheit als raffinierte Strategie des Lohndumpings.

- Die neue Konsumhaltung lautet übersättigt „ich kann“. Die Werte haben sich verschoben, verantwortungsvolles, maßvolles Denken ist verloren gegangen.[27]
- Sparen ist zu einer Modebeschäftigung geworden, die auch die finanziell gut situierten Kreise erfasst hat, dem Sparer seit der Null-Zins-Politik der EZB nichts mehr bringt.[28]
- Die Produktion wird unter dem ständigen Preisdruck ausgelagert. Es wird rationalisiert und Outsourcing betrieben, wo es nur möglich ist. Wer aber immer nur das Günstigste kauft, kann sich vielleicht bald nichts anderes mehr leisten, weil auch sein Job (ohne ihn) ins Ausland verlagert wurde.

Schließlich wird das Angebot aufgrund der Marktbeherrschung der großen Handelskonzerne zunehmend ausgedünnt und auf Billigprodukte beschränkt. Denn bei den multinationalen Konzernen geht es längst nicht mehr um Konkurrenz, sondern um Gewinnmaximierung. Auch auf dem Land werden viele Einzelhandelsunternehmen durch die Discounter in den Gewerbegebieten auf der grünen Wiese verdrängt oder geschluckt.[29] Der Genuss hochwertiger Produkte und damit verbundene Lebensqualität haben im „System Billig“ keinen Platz. Und schließlich ist festzuhalten, dass viele Flüchtlinge unter selbstmörderischen Umständen aus Afrika kommen, weil wir ihnen zu Hause buchstäblich das Essen bzw. die Lebensgrundlagen rauben.[30]

Und getragen wird das System, wie gesagt, durch unser aller Habgier und Angst: Fortschreitender Klimawandel, Vernichtung der Regenwälder, Vermüllung der Meere und all die anderen Umweltzerstörungen sind eine logische Folge, wenn der Preis alles, der Wert aber nichts ist.[31] Was Maier über die Schwächsten unserer Gesellschaft sagt, können wir tagtäglich in unseren Nachrichten mitverfolgen: alte Frauen, die ihr Leben lang für ihre Kinder sorgten, stehen nun, was ihre Rente betrifft, mit leeren Händen da,[32] weil ihre wertvolle Erziehungsarbeit überhaupt nicht so honoriert wird, wie sie es verdient. Und was ist die Antwort des Staates darauf? Er nimmt den Frauen nun auch noch die Kinder weg – „Frühkindbetreuung" als neue Marktbranche aber zerstört soziale Bande! – bzw. enthält ihnen die Kinder des totalen Arbeitsdienstes wegen vor durch die „Pille danach" etwa, die heute vom Staat sogar noch gefördert wird.[33] Was hat man sich empört, als die CSU Mütter/Eltern unterstützen wollte, ihre Kinder selbst zu betreuen – „Herdprämie" wurde es diskriminierend genannt und auf Bundesebene gekippt. Und wenn sie trotzdem lärmend unsere ruhebedürftigen Bürger stören, diese Kinder, dann duldet man sie nur ihres „Nutzens" wegen als „Humankapital",[34] als künftige Rentenzahler. Wir könnten noch viele andere Beispiele anführen, die belegen, wie die Schwächsten heute für die vollen Taschen der Reichsten bluten müssen. Die Milliardenhilfen an Griechenland etwa dienen allein der Schuldenbedienung und Zinszahlungen; sie kommen bei den Menschen, die sie dringend bräuchten überhaupt nicht an.[35]

Und noch ein letztes Beispiel: Maier weist auf „*Systeme der Unterdrückung, der Lüge und der Ausbeutung*" [36] hin, die uns heute beherrschen und denen wir uns gutgläubig anvertrauen. Zwar haben uns die Enthüllungen von Edward Snowden über die Arbeit der NSA alle aufgeschreckt. Das hindert uns aber nicht daran, dass wir nach einer Meldung des Münchner Merkur von 2014 Sicherheit höher bewerten, als Freiheit. Wer jedoch all seine Daten bereitwillig

im Internet preisgibt, macht sich hierdurch selbst absolut überwach- und beherrschbar.
Was hat das alles mit der Kirche zu tun? Bietet sie Alternativen zum Totalen Markt? Wenn sie aber eine Alternative zum grenzenlosen Konsum und zur totalen Überwachung ist, wird und kann das wie gesagt denen nicht gefallen, die das letzte Geld aus uns und unserer Welt pressen wollen.

2.3. Die Sinnfrage

Das Eigentliche, worauf Sinn und Glück des Menschen angelegt sind, zeigt sich meines Erachtens im Augenblick des Sterbens. Neurologen und Psychologen zufolge mobilisiert das Gehirn in diesem Moment nochmals alle Reserven, um einen Ausweg aus dem Tod zu finden oder wenigstens das Sterben zu erleichtern. Überschwemmt von Glückshormonen stellen sich bei Nahtoderfahrungen von Menschen aus allen Kulturkreisen Eindrücke und Gefühle wie Licht, menschliche Wärme, Geborgenheit, Glück und Anerkennung ein.[37] Egal, ob es hierbei um rein chemische Prozesse im Gehirn geht oder eine höhere Bewusstseinsebene im Hintergrund steht: Wenn unser Gehirn im Angesicht des Todes gerade diese Gefühle und Erinnerungen aktiviert, so handelt es sich wohl um das, was wir Menschen schlechthin als Sinn und Glück definieren. Wer versucht, diese urmenschlichen Bedürfnisse materiell zu stillen – durch Powershoppen, Koma-Saufen, Drogenkonsum oder freie Sexualität – bei dem bleibt ein schaler Nachgeschmack: echter Sinn, das wirkliche Glück sind durch den Partyrausch der Spaßgesellschaft nicht zu gewinnen. Zurück bleibt ein inneres Vakuum, das allenthalben zu spüren ist. Der Markt nutzt diese ungestillten Bedürfnisse gnadenlos zur Bereicherung aus.

Den umfangreichen, oben skizzierten Angeboten in unserer Gesellschaft steht eine zunehmende Sehnsucht nach Gott gegenüber.[38] Wir Menschen suchen mehr denn je nach Sinn in unserem Leben, weil unsere transzendenzlose Konsumwelt und Spaßgesellschaft nicht imstande sind, Lebenssinn zu vermitteln. Im Gegenteil verursachen sie nur eine innere Sinnleere.[39] Auch die Pseudospiritualität der Esoterik ist nicht imstande, dieser Suche verlässliche Alternativen zu bieten.[40]

Der Münchner Physiker Harald Lesch sagte einmal bei einer Diskussion: *„Der Mensch ist eine Jahrtausendealte Hardware, auf die gerade die moderne Software aufgespielt wird. Allerdings ist er für die Geschwindigkeit und die Kompression der modernen Gesellschaft nicht eingerichtet. Darum benötigt er immer wieder Entschleunigung, Zeit, um zu sich zu kommen, Ruhepausen und Stille. Von der Kirche wünsche ich mir, dass sie etwas von dieser Gelassenheit vermittelt.“*[41] Wie kommt Lesch darauf, die Kirche könne helfen? Um das zu ergründen, wollen wir versuchen, diese Kirche aus einem anderen Blickwinkel zu betrachten, als wir es hier in Deutschland heute gewohnt sind. Standpunkt unserer neuen Perspektive soll die Natur des Menschen, diese uralte „Hardware“ mit der ihr ureigenen, in ca. 7 Millionen Jahren sorgsam entwickelten „Software“ sein. Und da wenden wir uns zuerst der Frage nach Gott zu. Denn diese „Originalsoftware“ des Menschen macht Sinn in (einem) Gott fest.

2.4. Gott – im Zeitalter der Naturwissenschaft veraltet?

Mit diesem Gott haben wir heute ein großes Problem. Die Erkenntnisse der Naturwissenschaft, näherhin der Neurologie, stellen ihn als Wahngebilde unseres Gehirns in Frage. So wird er von vielen vermeintlich aufgeklärten Personen unserer Gesellschaft rundweg abgeschrieben. Letztmals kam das auf recht brachiale Weise im Sommer 2016 in den bayerischen Alpen zum Ausdruck, als ein Unbekannter mehrere Gipfelkreuze umhackte. Aber wie ist das nun? Gibt es Ihn oder gibt es Ihn nicht?

In unserer gegenwärtigen Gesellschaft spielt Gott keine Rolle. Das zeigt sich schon in unserem Hauptmedium, dem Fernsehen[42] aber auch im Radio oder Internet. Darin ist für Gott kein Platz.[43] Berichterstattungen zu kirchlichen Ereignissen und Feiern führen zwar ein Nischendasein im Sinne eines Kulturgutes. Die Sendungen aber, die vom Großteil der Bevölkerung konsumiert werden, handeln in keiner Weise von Gott. Da das Fernsehen und die virtuellen Medien zunehmend als die eigentliche Lebensrealität wahrgenommen werden, gehört Gott folglich auch nicht mehr zur „realen“ Welt. Ohne Gott als öffentlicher Realität aber werden die Glaubenstraditionen zu Ammenmärchen oder zu das Leben fesselnde Moralprinzipien.

Ein Beispiel, wie Jenseits-Vorstellungen in der Fernsehwelt ins Diesseits geholt werden, ist der sehenswerte Film „Flatliners“ (USA, 1990), der die Frage einer möglichen Fortexistenz nach dem Tod thematisiert. Seine Quintessenz ist, dass die Hauptpersonen, experimentierfreudigen Jung-Mediziner, allesamt von Schuldgefühlen heimgesucht werden, die sie durch ihre Trips in den Tod aus den Tiefen ihres Gedächtnisses aufgescheucht haben. Die verdrängte Schuld führt zum Zerbrechen von Beziehungen und zu zunehmend sich einstellenden Wahnsinn. Nur einer aus der Gruppe nimmt es auf sich, die wieder entdeckte Schuld aufzuarbeiten, um sie – durch Umkehr und

Beichte beim Opfer – zu bewältigen. Dieser Gedanke ist bemerkenswert.

Wem es gelingt, sich aus der hypnotischen Scheinwelt des Films zu lösen – er zeigt eben nicht dokumentarisch das Leben nach dem Tod, er bietet nur eine Interpretation der Filmemacher – der erkennt rasch, wie hier mit Schuld, Sünde und Erlösung umgegangen wird: Alle Konflikte spielen sich allein in den Gehirnen der Agitatoren ab. Schuld und Erlösung gehen aber ins Leere, wollen wir sie auf rein psychische Probleme reduzieren. Auch wenn einer der Protagonisten einen richtigen Weg geht, das Gespräch sucht und „umkehrt", so kann er seine Schuld, diese irreversibel verlorene Lebenszeit,[44] trotzdem nicht selbst aus seinem „Sündenregister" ausbuchen und letztlich kann es auch sein „Opfer" nicht. Wir können Schuld verdrängen. Im existenziellen Bereich aber, im Tod und der Tatsache, dass kein Tag des Lebens wiederholt werden kann und wir mit jeder Sekunde, die verstreicht, unumkehrbar auf unseren eigenen Tod zugehen, bleibt die Schuld bestehen. Allein ein Gott, dem man dies auch wirklich zutrauen kann, ist in der Lage, solche Schuld wirklich und endgültig zu tilgen. Übrigens visualisiert „Flatliners" recht anschaulich, was die katholische Kirche unter „Fegefeuer" versteht – aber eben leider auch nur auf einer psychischen, diesseitigen Ebene.

Ein transzendenzloser Lebensentwurf erklärt vieles, was unsere Gesellschaft heute prägt: Sei es das Aufblähen des Gesundheitswesens wegen des Projekts „Überwindung des Todes im Diesseits", sei es die Bereitschaft, irrwitzige Beträge zur Rettung „Not leidender Banken" auszugeben und für die Ankurbelung der Autoindustrie leichtfüßig die hehren Bekenntnisse zum Klima- und Umweltschutz über

Bord zu werfen, sei es die sich weiter öffnende Schere zwischen Erster und Dritter Welt und zwischen Armut und Reichtum im eigenen Lande wegen der eigensüchtigen Heilssuche im Konsum in „Paradiesen auf Erden“ und nicht zuletzt der unentwegte Ruf nach „dem Staat“, der in fast schon religiöser Weise unter Aufgabe jeder eigenen Verantwortung alles richten und retten soll.[45] Das ist eine sehr originelle, säkularisierte Restauration des „Heiligen“ Römischen Reiches Deutscher Nation.

Menschen, die Gott verneinten, gab es in gebildeten Kreisen schon immer. Die großen atheistischen Strömungen des 20. Jahrhunderts, die Freudianer und die Marxisten führten ihre Argumentationen aber nicht auf die alten Philosophen zurück, sondern folgten einem Religionskritiker, der unser Bild von der Nichtexistenz Gottes nachhaltig geprägt hat: Ludwig Feuerbach.

An sich kommt Feuerbach (1804 – 1872) aus einer tiefreligiösen, evangelischen Familie, studierte zunächst Theologie und später Philosophie bei Georg Wilhelm Friedrich Hegel in Berlin. Mit der Zeit wurde seine Einstellung zur Religion immer kritischer. In seinem Werk *„Das Wesen des Christentums“* (1841) interpretierte er Religion als Projektion des Menschen.[46] In der Folge schlossen sich sowohl Freud[47] als auch Marx der Feuerbach'schen Argumentation an und bauten sie in ihrer eigenen Couleur aus. Wo und wie aber erbringt Feuerbach einen *Nachweis* der Nichtexistenz Gottes?

Hegel versuchte nach dem Zusammenbruch der Erkenntnisgewissheit im 18. Jahrhundert nochmals ein großes, umfassendes Denksystem aus Philosophie, Theologie und Naturwissenschaft zu entwickeln. Sogar die zentralen christlichen Lehren von Kreuzestod, Auferstehung und Dreifaltigkeit wusste Hegel in sein System einzubauen. Es beeindruckte in seiner Stringenz auch seinen Schüler Feuerbach. Allerdings verbirgt sich in der Hegel'schen Lehre eine gefährliche Fußangel: Ein Gott nämlich, *„der man vom hohen Philosophenthron aus souverän überblickt"*, von dem exakt bestimmbar ist, was er kann oder nicht kann, ist nicht der allmächtige Gott.[48] Feuerbach hinterfragte in seinen Schriften Gott und definierte ihn als *„die Gestaltwerdung der unerfüllten Wünsche des Menschen, also eine im Kopf des Menschen entstandene Projektion"*.[49] Dabei hatte er aber das Hegel'sche Konstrukt im Sinn und nicht den unendlichen Schöpfergott des biblischen Glaubens, den Ganz Anderen. Genau besehen kritisiert Feuerbach die Religion nicht, er versucht sie vielmehr psychologisch zu erklären – freilich von einem hypothetischen, atheistischen Standpunkt aus. Hypothetisch, denn insgesamt findet sich bei Feuerbach *keine* Beweisführung, die die Nichtexistenz Gottes schlüssig *belegt*; er setzt die Nichtexistenz einfach voraus: Es könnte doch sein, dass Gott nicht existiert. Von da aus fragte er: Wie ist dann die Psyche der Glaubenden beschaffen? Folgerichtig musste für ihn Gott eine Projektion sein. Über Gottes Existenz ist damit aber überhaupt nichts ausgesagt. Mit dem gleichen Recht könnte unter der (freilich auch nicht „beweisbaren") Hypothese, dass Gott tatsächlich doch existierte, ein sehr bemerkenswertes Psychogramm der Atheisten entworfen werden, wie es Lütz geistreich und treffend durchspielt.[50]

Im „Zeitalter der Naturwissenschaft" ist die Auffassung weit verbreitet, das Christentum sei ein überfälliges Relikt aus Zeiten der Unvernunft, wie wir oben zusammengefasst haben. Galileo Galilei gilt als ein Blutzeuge der freien Wissenschaft gegen eine verknöcherte, rückwärtsgewandte Kirche. Dieses von Berthold Brecht gezeichnete Bild wird nach wie vor kritiklos angenommen, obwohl es durch ihre ideologische Brille die eigentlichen Tatsachen verfremdet.

Galileo Galileis Konflikt mit der Inquisition ist vor allem im 19. Jahrhundert gründlich verzerrt worden. Die komplette Offenlegung der vatikanischen Akten vermittelt uns ein wesentlich nüchterneres Bild. Walter Kardinal Brandmüller und Ingo Langer stellen es in ihrem Buch „*Der Fall Galilei*" aufgrund der Aktenlage detailliert dar:[51] Galileo Galilei war ein recht eingebildeter Zeitgenosse – übrigens zeitlebens sehr katholisch. Der Fehler des für seine Arbeit von vielen Kardinälen sehr geschätzten Wissenschaftlers bestand darin, seine Thesen gegenüber der Bibel absolut zu setzten: Wenn seine Erkenntnisse der Bibel widersprachen, so verlangte er, müsse die Bibel umgeschrieben werden. Damit verstieß Galilei gegen den heute nach wie vor geltenden Grundsatz, dass neue Theorien zunächst als Hypothesen zu vertreten sind, die überprüft und bestätigt werden müssen. Man war sich in der Inquisition schon bewusst, dass Bibel und moderne Astronomie zwei Paar Stiefel sind.

Galileis Verdienst war die Entdeckung der Jupitermonde,[52] was das heliozentrische Weltbild des Nikolaus Kopernikus bestätigte. Er erfand nicht dieses Weltbild, er wurde von der Inquisition weder eingekerkert noch gefoltert und er murmelte auch nicht trotzig: *„und sie bewegt sich doch!"*. Trotz Hausarrest in seiner komfortablen Villa, sowie Lehr- und Veröffentlichungsverbot stand er nicht im Fadenkreuz der Inquisition. Sein Hauptwerk *Discorsi* veröffentlichte er – von der Inquisition völlig unbehelligt – erst *nach* dem Konflikt. Damit lieferte er der Physik einen wichtigen Beitrag im Form der Abstraktion (Gedankenexperiment statt Beschreibung wie es seit Aristoteles üblich war).[53] Erst im 19. Jahrhundert wurde Galilei von einer damals kirchenfeindlich gesonnenen, mechanistisch-positivistischen Naturwissenschaft zum Märtyrer der freien Wissenschaft hochstilisiert. Das „Märchen von Galilei" aber hält sich hartnäckig. Ich komme immer wieder in die Situation, dass auch kirchliche Mitarbeiter diese Mär für bare Münze nehmen oder meine Schüler die oben angeführten Argumente gar nicht hören wollen – es bringt womöglich ihr fest gefügtes Weltbild durcheinander. Wir erwähnten bereits die *„Dunkelmänner der Kirche"*, die im Münchner Merkur 2010 umherspukten, während im gleichen Artikel die Leistungen von Nikolaus Kopernikus und Johannes Kepler gefeiert wurden. Völlig unterschlagen hat man dabei, dass Kopernikus und Kepler *katholische Priester* waren, die von der Kirche und ihrer Inquisition in keiner Weise aufs Korn genommen wurden. Weiterhin war es mit Gregor XIII. gar ein Papst, der 1583 den julianischen Kalender mithilfe modernster wissenschaftlicher Erkenntnisse reformieren ließ. Bemerkenswerterweise folgten die protestantischen Länder des Heiligen Römischen Reiches dieser modernen Kalenderreform erst im Jahre 1700; Großbritannien und die protestantischen Staaten des Nordens sogar noch später.[54]

Nicht zuletzt traten in China Jesuiten wie Mattheo Ricci und Johann Schall von Bell mit großartigen wissenschaftlichen Leistungen hervor und brachten China im 17. Jahrhundert an die Schwelle der umfassenden Christianisierung.[55] Es soll freilich nicht verschwiegen werden, dass es die römische Kurie selbst war, die diesen Erfolg vereitelte. Sie verbot den Chinesen ihre althergebrachten Riten der Ahnenverehrung – obwohl die Jesuiten hierfür bereits einen von der Kurie genehmigten Konsens gefunden hatten. Letztlich geht das Scheitern auf Missionare anderer Orden zurück, die den Societas Jesu ihren Erfolg neideten und denen der freizügige Umgang der Jesuiten mit fremden Kulturen suspekt war. Darin zeigen sich altbekannte psychologische Muster: Es ist nicht die Kirche an sich, die verknöchert gegen Neues vorgeht, es sind sündhafte, ängstliche Individuen in kirchlichen Ämtern, die immer wieder (und nach wie vor) aus eigenem Interesse, aus Habgier, Angst, Eitelkeit und Neid zukunftsweisende Schritte bekämpfen und vereiteln. Nachdem es solche Psychogramme aber auch anderswo gibt, handelt es sich nicht um ein kirchliches, sondern um ein gesamtmenschliches Problem. Denn die Offenheit der Kirche gegenüber der modernen Naturwissenschaft hat eine lange Tradition: Als Kosmas der Indienfahrer im 6. Jahrhundert seine Reiseberichte veröffentlichte, propagierte er ein konservatives Zwei-Stockwerke-Weltbild: Unten die sichtbare Welt, darüber der göttliche Himmel. Schon damals widersprach ihm der Theologe und Wissenschaftler Johannes Philoponos, indem er auf das (damals moderne) ptolemäische Weltbild verwies, wonach doch die Erde eine Kugel sei. So verfuhren bei ihrer Bibelauslegung wiederholt auch andere Kirchenlehrer.[56]

Verweisen wir in diesem Zusammenhang auf Benedikt XVI. vor dem Bundestag am 22.09.2011. Er hat die Achse „Jerusalem – Athen – Rom“ als Identität des Christentums bis heute in Erinnerung gerufen: der jüdische

Monotheismus ist dem rationalen Vernunftsdenken der hellenistischen Welt nicht ausgewichen;[57] Beides wurde zu einer überaus erfolgreichen – und bis heute geltenden – Synthese gebildet; und zwar ganz im biblischen (gottgewollten) Sinn, sonst wäre diese Synthese im Laufe der Jahrhunderte längst wieder zerfallen. Wir kommen also zu dem Schluss, dass die naturwissenschaftliche Erforschung der Welt, wie sie heute mit gewaltiger Effizienz vorangetrieben wird, durchaus im Rahmen einer biblisch-christlich geprägten Weltsicht möglich ist. Viele Kleriker beteiligten sich mit Ernst und Erfolg an dieser Forschung, so neben den bereits genannten Geistlichen Kopernikus, Kepler und Schall von Bell auch der Augustinermönch Gregor Mendel oder der Jesuit Pierre Teilhard de Chardin, um einfach nur die Bekanntesten zu nennen.
Dazu darf noch angemerkt werden, dass sich der Islam innerhalb der langen biblischen Entwicklung sieht und den Koran als dessen Gipfel- und Zielpunkt begreift, was die hervorragenden wissenschaftlichen Leistungen islamischer Gelehrter mit enormer geistiger Weite in vergangenen Jahrhunderten bestätigen. Daran sollten und dürfen sich meines Erachtens die Muslime angesichts der gegenwärtigen fundamentalistischen Krise orientieren.

Nun war die Wissenschaft schon seit den Tagen der Vorsokratiker stets bemüht geblieben, Religion und Glauben aus ihrem Feld herauszuhalten. Dies hat natürlich auch seine Berechtigung und wird ja auch von Gen 1 propagiert: Sobald wir nämlich im Arbeitsfeld der Naturwissenschaften Gott einfügen, stellen wir Teile davon unter das Tabu, es nicht erforschen zu dürfen oder wir geben unter dem Diktat der Religion etwas vor, das die Forschung

einschränkt. Denn Gott kann man nicht hinterfragen. So könnten wir den Urknall nicht erforschen, wenn die Prämisse aufgestellt würde, Gott habe die Welt in sechs (physikalischen Erd-)Tagen gemacht. Aber auch wenn wir Gott aus dem Forschungsfeld der Welt herausnehmen, bedeutet das ja nicht, dass er überhaupt nicht existiert. Seine Existenz und seine Gebote haben ja für den Menschen reale Bedeutung und Sinn.
Die gegenwärtige Kritik der Wissenschaft an der Kirche entlarvt vielmehr die Grabenkämpfe eines überzogenen Freiheitsbegriffs mancher Wissenschaftsgläubiger gegen eine berechtigte Reglementierung, die Respekt und Liebe vorgeben. Mit anderen Worten: der Glaube fordert von jedem ein, die Freiheit und das So-Sein des Anderen zu respektieren, anstatt die eigene Meinung und das eigene Sinnen einfach Anderen überzustülpen, wie es schon Galilei unterlief. Ohne die Vorgaben des durch die Kirche beeinflussten Staates würden Genforscher natürlich nicht zurückschrecken, Menschen per Bestellung zu klonen, andere Klone als Ersatzteillager zu züchten oder irgendwann „Arbeitstiere" für eine träge gewordene Zivilisation zu erzeugen – die Science-Fiction-Literatur ist voll von solchen durchaus vorstellbaren Gedankenmustern.
Heute pflegt der Atheismus im Gewande der Naturwissenschaft daherzukommen, in dem die genannte Notwendigkeit, Gott aus der Forschung herauszunehmen, zum Dogma für die gesamte Lebenswelt erhoben wird. Zwei Dinge sollten wir hier jedoch unbedingt im Auge behalten:
Erstens wurde das traditionelle atheistische Weltbild durch die Erkenntnisse der modernen Naturwissenschaften eindeutig widerlegt. So hat Darwins Evolutionstheorie den

Atheismus eigentlich vernichtet, weil eine Entwicklung für das Leben nach atheistischer Vorstellung überhaupt nicht möglich war, und schon gar kein Anfang einer solchen Entwicklung. Ebenso ist es mit dem Urknall. Für den Atheismus ist das Universum ewig und unendlich – anfangs- und endlos. Dass die Wissenschaft nun zur Erkenntnis gelangte, es gebe einen definitiven Anfang (und im Big Rip vermutlich ein definitives Ende), war eine weitere Totenglocke für den althergebrachten Atheismus. Bemerkenswert ist es, dass die Gottesleugner heute gerade Evolution und Urknall zu ihren Geschützen gegen Religion machen. Sie ignorieren einfach, dass die Feinabstimmung im Augenblick des Urknalls dermaßen exakt war und die Entwicklung des Universums einen so präzisen Lauf genommen hat, dass wir heute existieren und dieses Buch lesen können. Ein Physiker hat dies mit einem gespitzten Bleistift verglichen, der auf der Spitze exakt im Gleichgewicht steht – prinzipiell auch durch Zufall möglich aber extrem unwahrscheinlich. Hierzu passt der gestaltende Wille Gottes nach gesundem Menschenverstand eindeutig besser in ein vernünftiges Konzept als eine völlig zufällige Reihung von Ereignissen. Das sehen heute auch viele Spitzenwissenschaftler so.[58] Nicht viel anders verhält es sich mit der Quantentheorie beziehungsweise mit den Erkenntnissen der modernen Epigenetik.[59]

Zweitens war das Christentum beziehungsweise der biblische Glaube nie unvernünftig, sondern nahm im Gegenteil schon immer die Vernunft für sich in Anspruch. Das sehen wir etwa in der Aufforderung des Paulus an die Thessaloniker: *„Löscht den Geist nicht aus. Prüft alles, behaltet das Gute“*.[60] Der Glaube an den Einen Gott, der in drei Personen – in Beziehung – lebt und die Liebe ist, widerspricht der Vernunft nicht. Er allein gewährt dem Menschen seine wirkliche Freiheit und sein natürliches Menschsein. Ein Beispiel dazu, das an das oben bereits Gesagte anschließt: Als im Spätmittelalter humanistische Kräfte den christlichen Glauben allmählich zurückdrängten, brach die heidnische Unvernunft in diesen Leuten wieder hervor. Man fürchtete sich vor apokalyptischen Höllenqualen – gegen die Martin Luther zu Recht Einspruch erhob – und kehrte zu altgermanischen Hexenvorstellungen zurück. Auch wenn manche Hexenverfolger kirchliche Gewänder trugen und auch Luther selbst ihnen angehörte (was natürlich nie hätte geschehen dürfen!), war es nachweislich nicht „die Kirche“, sondern es waren aufgeklärte humanistische Individuen, die fast bis zum Jahr 1800 Hexen verfolgten, folterten und verbrannten.[61] Um das nachzuweisen, sollen hier die einleitenden Gedanken des *Hexenhammers* genügen:

„Ob es Zauberei gebe, erste Frage.

Ob die Behauptung, es gebe Hexen, so gut katholisch sei, daß die hartnäckige Verteidigung des Gegenteils durchaus für ketzerisch gelten müsse?

1. Es wird der Beweis geführt, daß es nicht gut katholisch sei, etwas Derartiges zu behaupten. Episc. 26, 5: „Wer da glaubt, daß es möglich sei, daß ein Wesen in einen besseren oder schlechteren Zustand verwandelt oder in eine andere Gestalt oder in ein anderes Bildnis umgestaltet werde, außer vom Allschöpfer allein, der steht unter den Heiden und Ungläubigen.“

Wenn aber erzählt wird, daß derlei von Hexen gemacht werde, so ist das nicht gut katholisch, sondern ketzerisch.

2. Ferner: Es gibt keine zauberische Handlung auf Erden.

Beweis: Gäbe es derartiges, dann geschähe es durch die Macht, der Dämonen. Aber zu behaupten, daß Dämonen körperliche Um-

wandlungen bewirken oder verhindern könnten, erscheint als nicht gut katholisch, weil sie ja sonst die ganze Welt zerstören könnten."[62] Mit diesen grundsätzlichen Gedanken leitet Institoris 1439 sein Werk ein. Es geht klar aus diesem und dem Folgenden hervor, dass eindeutig ketzerisch handelt, wer behauptet, es gebe Hexen und diese verfolgt. Wenngleich Institoris dem Hexenwahn selbst anhing, wurde das Buch, dessen Auflage recht begrenzt war, vor allem für weltliche Prozesse herangezogen und zwar auch in protestantischen Ländern wie Sachsen. Es ist bezeichnend, dass ausgerechnet die spanische Inquisition den Hexenhammer auf ihrer Konferenz von Granada 1562 ablehnte. Der Erfolg des Buches beruht darauf, dass es den Nerv der Zeit traf. Die Prozesse in ihrer Gesamtheit aber sind eindeutig weder katholisch noch kirchlich legitimiert.

Wenn nun etliche Menschen heute ein gottloses Weltbild fordern, weil sie sich vom christlichen Glauben eingeengt fühlen; wie sehen denn eigentlich die Konsequenzen eines solchen Weltbildes aus? Wenn es Gott tatsächlich nicht gibt, dann ist alles – auch wir – durch reinen Zufall entstanden, planlos und von niemandem erwünscht. Dann sind wir entsprechend nur mit 70 % Wasser aufgedunsene Kohlenstoff-Schwämme und die Erde ein „verschimmeltes Staubkorn" im Universum. Entsprechend kann es keine Menschenwürde geben, denn es ist nicht einsehbar, weshalb eine Kohlenstoff-Art eine Bevorzugung gegenüber anderen Arten aus den gleichen Baustoffen zukäme. Auch gegenseitiger Respekt, Rücksicht, Ehre oder Fairness sind dann reiner Wahn eines zufällig zu groß geratenen Gehirns. Nachdem wir von uns behaupten, Willensfreiheit zu haben,[63] kann hierfür nur die Definition von Karl

Marx gelten: Freiheit ist zu tun, was man will.[64] Weil dann alle ihre Freiheit gegen die anderen durchsetzen müssen, gilt dann folglich das Recht des Stärkeren. Jeder ist sich selbst der Nächste und jeder ein Idiot, der anderen etwas von dem abgibt, was er selber zum Überleben bräuchte oder möchte. Da die Kohlenstoff-Schwämme „Mensch" solche „humanen" Grundsätze über rein funktionale Kooperation hinaus trotzdem erheben, stellen sie sich in unzulässiger Weise über alle anderen, ihnen an sich gleichwertigen Kohlenstoff-Schwämme wie beispielsweise Bäume, Fische oder Ratten. Das wäre unserer Herdenstruktur anzulasten oder als Psychose oder Selbsttäuschung zurückzuweisen. Die dem Menschen tatsächlich eigene Gesellschaftsform wäre folglich im Nationalsozialismus endlich einmal konsequent realisiert worden. Menschenrechte, Respekt, Rücksichtnahme auf Schwächere wären in diesem Falle Unsinn und die Nazis hätten mit Recht beklagt, dass so etwas die Gesellschaft zersetzt, weil solcher Unfug der offensichtlichen Naturordnung zuwider läuft.
Jeder von uns wird aber bestätigen, dass es für die Menschheit gut ist, dass dieses System überwunden wurde. Dieses Recht des Stärkeren ist nämlich gar nicht der Natur gemäß, weil sich nicht der Stärkere durchsetzt, sondern der Anpassungsfähigere. Sowohl die Quantentheorie als auch die moderne Epigenetik lehren uns, dass alles mit allem in Beziehung steht. Die Gleichheit aller Menschen, die von Gott hergeleitete Würde und die entsprechenden Rechte und die zu Respekt und Rücksichtnahme verpflichtende Nächstenliebe sind folglich nur zu halten, wenn die Existenz Gottes nicht in Zweifel steht.
Oder sagen wir es nochmals mit den Worten zweier anerkannter Philosophen. Der atheistische Pole Leszek Kola-

kowski erklärte: „*Wenn Gott wirklich tot ist, dann reden wir uns vergeblich ein, dass der Sinn unversehrt geblieben sein könnte. Die gleichgültige Leere saugt uns auf und vernichtet uns. Von unserem Leben und unseren Mühen bleibt nichts zurück. Keinerlei Spuren hinterlassen wir im sinnlosen Tanz der Atome. Das Universum will nichts, strebt nichts an, kümmert sich um nichts, spricht weder Lob aus, noch verhängt es eine Strafe. Wer behauptet, dass es Gott nicht gibt und es lustig sei, belügt sich selbst.*“

Und niemand Geringerer als Ludwig Feuerbach selbst mahnt uns ganz und gar unatheistisch: „*Die wahren Atheisten sind die heutigen Christen, die behaupten, an Gott zu glauben, aber genau so leben als ob er nicht existiere; diese Christen glauben nicht mehr an die Güte, die Gerechtigkeit, die Liebe d. h. alles, was Gott definiert; diese Christen, die nicht mehr an das Wunder, sondern an die Technologie glauben, die mehr Vertrauen in die Lebensversicherungen setzen als ins Gebet; die angesichts des Elends nicht mehr im Gebet Zuflucht suchen, sondern beim Vorsorgestaat.*“[65]

Die frühen Christen wurden vom römischen Staat in mehreren Wellen verfolgt. Der Vorwurf, den die Römer den Christen machten, war „Atheismus“ – heute würde man sagen: sie waren gegen die Verfassung der göttlichen Staatsordnung ausgerichtet. Wie kam das, da die Römer doch die Götter all ihrer unterworfenen Völker achteten und deren Kulte ausdrücklich zum Erhalt des Imperiums förderten? Eine Gemeinschaft, die Gott als den Ganz Anderen, den „Außer-irdischen“, weil nicht zur geschaffenen Welt Gehörenden, begriff und alle anderen „Götter“ als Trugbilder, göttlich verbrämte Naturgewalten, Menschen oder Triebe entlarvte, die die herkömmlichen Götter – einschließlich des vergöttlichten Kaisers – als „Nichtse“ aburteilte, versetzte der heiligen Ordnung des Römischen

Reiches tödliche Dolchstöße. Und so ein „Terrorismus" musste folglich bis aufs Blut bekämpft werden.
Freilich war der Atheismus keine biblische Erfindung. In allen Kulturen gab es Denker, die die bestehenden Götterordungen hinterfragten und ablehnten. Prominente Personen wie Sokrates mussten dafür sogar in den Tod gehen. Sein Schüler Platon und dessen Schüler Aristoteles trugen sein Erbe jedoch in ihren philosophischen Systemen weiter. Darum konnte sich später das Christentum diese Philosophien so unproblematisch zu Eigen machen. Auch Epikurs Lebenskunst des Maßhaltens waren die traditionellen Götter im Wege, denn sie hinderten ihn daran, selbst Herr seines Lebens zu sein. Allerdings ließ sein maßvoller Atheismus durchaus einen Gott zu, der vielleicht sogar die Welt erschaffen hatte.[66] Dieser Gott aber kümmerte sich nicht um diese Welt, er existierte für sich und ließ die Welt – von deren Existenz er vielleicht auch gar nichts wusste – für sich laufen. Diese Beziehungslosigkeit von Welt und Gott geistert auch heute noch durch die Köpfe vieler Menschen.

Wenn Schüler im Unterricht erklären, Gott gebe es nicht, dann bleibt diese Behauptung von Seiten der Klasse in der Regel unwidersprochen. Es entsteht der Eindruck, dass die Mehrheit der Schüler diese Meinung teilt. Einige unanfechtbare Statistiken sollen diesen Eindruck einmal in einen repräsentativen Rahmen rücken: Laut der Umfrage des Religionsmonitors 2008 sind in Deutschland 29 % der Bevölkerung nicht religiös, wovon wiederum ca. 10 % eine Art „freischwebende Religiosität" pflegen. Damit liegt Deutschland über dem weltweiten Schnitt von 16,5 %. Grund dafür ist der hohe Anteil von 68 %

in den durch den Atheismus der DDR geprägten neuen Bundesländern. Im Westen liegt der Anteil bei ca. 15 %. Die anderen 71 % gehören den christlichen Kirchen oder anderer Religionsgemeinschaften an und schätzen sich selbst als „religiös“ oder „tief religiös“ ein.[67] Damit ist aber noch wenig darüber gesagt, ob die Menschen an die Existenz (eines) Gottes glauben oder nicht. Nach der Shell-Jugendstudie von 2006 glauben 30 % aller Jugendlichen in Deutschland, dass es einen personalen Gott gibt, 19 % rechnen mit einer überirdischen Macht. 23 % sind in dieser Frage unentschieden und nur 28 % leugnen definitiv ein göttliches Wesen.[68] Das heißt aber, dass die Existenz (eines) Gottes von der deutschen Jugend zu 49 % definitiv vorausgesetzt wird, im günstigsten Fall sogar von bis zu 72 %. Unter den von mir befragten Schülerinnen und Schülern sind es lediglich 11,3 %, die von der Nichtexistenz Gottes ausgehen.[69] Diese Überzeugung kommt zum überwiegenden Teil (56,2 %) aus dem nichtreligiösen Milieu ihrer Familien. Daneben entstammt der Atheismus meiner Schüler auch der eigenen Konzeption. Sie mag eine Antihaltung zur Familie darstellen, eine Verunsicherung angesichts eines tradierten, falschen Gottesbildes sein oder aber der Tatsache genügen, dass Gott in ihrer (Medien-)Welt schlicht nicht thematisiert wird.
Wenden wir noch den Blick auf die Menschheit insgesamt: Wir müssen davon ausgehen, dass mehr als 6,5 Milliarden Menschen heute, in diesem Augenblick, selbstverständlich von der Existenz des Göttlichen ausgehen. Da sich religiöses Denken anhand von Gräbern auf dem Berg Karmel in Nordisrael seit ca. 100.000 Jahren nachweisen lässt[70] und Religion sicher nicht von diesen frühen Menschen „erfunden“ wurde, können wir weiterhin folgern,

dass der Mensch seit mehr als 4000 bis 5000 Generationen an die Existenz (eines) Gottes glaubt und mit ihm lebt. Die (wachsende) Minderheit der circa fünfhundert Millionen, die seit etwa sechs bis acht Generationen die Existenz Gottes anzweifelt, geht mehrheitlich auf den als politisches Mittel bewusst propagierten Atheismus des Marxismus zurück. Wir müssen uns folglich seiner Argumentation in keiner Weise beugen. Rein statistisch vertreten wir die überwältigende Mehrheit menschlicher Überzeugung seit Urzeiten. Es ist aufgrund wiederholter kritischer Hinterfragung nicht davon auszugehen, dass all diese Menschen einem kollektiven Irrtum unterliegen, weil sich dann die „Wahrheit" wesentlich früher Bahn gebrochen hätte. In der Geschichte hat es sich schon mehrfach gezeigt, dass kollektive Irrtümer von selbst wieder verschwanden – so etwa der Hexenwahn in der frühen Neuzeit oder der Rassenwahn, wie er vom 3. Reich oder Japan im 20. Jahrhundert propagiert wurde.
Wollten wir das ernsthaft anzweifeln und radikal auf die menschliche Psyche reduzieren, dann wäre *jede* Form eines im Gehirn produzierten, fiktiven Gegenübers psychischer Irrsinn im wahrsten Sinne des Wortes. Kindern mit ihren Kuscheltieren könnten wir dies noch verzeihen – wobei wir damit das kindliche Denken diskriminieren würden[71] – aber Erwachsenen wäre die Fortführung eines solchen schizophrenen Denkens nicht zu vergeben. Praktisch die gesamte menschliche Kultur – Literatur, Theater, Musik, die bildenden Künste, Film, Fernsehen und Internet – wäre als psychische Fehlentwicklung in Frage gestellt, sofern sie fiktive Personen erzeugt wie etwa die Einwohner der „Lindenstraße" und somit von der nüchternen Wiedergabe der materiellen Welt abweicht. Und nicht weniger

verrückt wäre es, in unserem Leben nach Sinn zu suchen, wo in Wahrheit keiner ist, denn Sinn und Zufall schließen sich aus. Unser menschliches Dasein setzt also ein wollendes, Sinn-gebendes, echt-geistiges Gegenüber Gottes geradezu voraus.
Bemerkenswert finde ich bei meiner Umfrage, wie vor allem Schüler, die nicht an die Existenz Gottes glauben, Themen und Bedürfnisse anführen, die eigentlich ganz und gar dem christlichen Glauben entsprechen: der Wunsch nach Geborgenheit und Liebe, die Erfahrung eines schönen Gottesdienstes zur Beisetzung des Großvaters oder die Kenntnis der biblischen Geschichten aus Kindergarten und Grundschule. Sie spüren durchaus: die Alternativen zur Sinnfindung in unserer (künstlich) transzendenzlosen Gesellschaft reichen nicht aus, um den *homo religiosus*, den religiösen Menschen bei seiner Suche zufrieden zu stellen. Auf einem meiner Fragebögen stand zu lesen: *„Ich bin nicht getauft und habe mich nicht viel mit einem Glauben auseinandergesetzt. Aber die Möglichkeit der Beichte beeindruckt mich.“*

2.5. Zum Begriff „Glaube"

Im Zusammenhang mit der Ausübung christlich-kirchlicher Religiosität ist gewöhnlich von dem Begriff „Glaube“ die Rede. Bereits durch unseren geläufigen Sprachgebrauch droht dem Glauben heute Gefahr, von vorn herein gründlich missverstanden zu werden. Landläufig verstehen wir unter diesem Begriff drei verschiedene Bedeutungen:

1. annehmen, vermuten, meinen, etwas für wahr halten aber nicht wissen (ich glaube, heute spielt Bayern gegen Dortmund);

2. hoffen (Thomas Müller glaubt, dass er auch ein Tor schießen wird);
3. jemandem vertrauen (Der Trainer glaubt an seine Elf)[72].

Es wäre ein Armutszeugnis für den biblisch-christlichen Glauben wenn er zweieinhalb bis dreitausend Jahre von der Haltung leben würde: *„Wir wissen nicht, ob es Gott gibt, wir vermuten es oder halten es für wahr."* So etwas hätte niemals über einen so langen Zeitraum für so viele Menschen geistige Heimat bieten können; als reine Formalität hätte das Christentum niemals 2000 Jahre des Auf und Ab bis heute überstehen können. Für unseren Glauben an Gott trifft der Begriff am ehesten noch nach Variante 3 zu; allerdings ist er so auch nicht wirklich tragfähig, denn ein Vertrauen ohne sichere Begründung reicht für eine elementare Grundlage des Lebens nicht aus.

Dem hebräischen Begriff, den die Bibel gebraucht, liegt eine viel fundamentalere Bedeutung zugrunde: *hi'amenu* (darin steckt unser „*Amen*") finden wir exemplarisch bei Jes 7,9 in Form eines Wortspiels: „*'am lo' tiamenú ki lo' téaménu*" – in der Einheitsübersetzung wiedergegeben als: *„glaubt ihr nicht, dann bleibt ihr nicht"*. Beide Male besteht das Verb aus einer Form des Wortes *Amen.* Jesaja sagt dies zu seinem König Achas während einer Belagerung Jerusalems. In dieser kritischen Situation geht es für die Jerusalemer um nichts Geringeres als ums nackte Überleben. Der Begriff *amen* steht hier also für: existieren, leben im existenziellen Sinne. Benedikt XVI. übersetzt das Wortspiel entsprechend: *„wenn ihr nicht an [Gott]Jahwe fest*-haltet, *so werdet ihr keinen* Halt *[in der Welt] haben."*[73]

Es geht beim „Glauben" also überhaupt nicht um etwas, das wir mangels Beweisen eben für wahr halten müssen, es geht um *Existenz*, um die grundlegende Ausrichtung des Lebens. In Jes 7,10ff schließt die Immanuel-Weissagung an: *„siehe, die Jungfrau wird schwanger, und sie wird einen Sohn gebären"*. Gott macht eine Zusage von Zukunft in einem Nachfolger, wo keine Zukunft mehr möglich scheint – er bietet Existenz in Gott (Glaube) und in der Welt (Bleibe). Salopp in der Computersprache könnte man Glaube darum als das „Betriebssystem des eigenen Lebens" bezeichnen. In diesem Sinne ist das Amen in der Kirche eine grundlegende Zustimmung, eine verbindliche Unterschrift. Darauf weist übrigens auch die *logiké latreia* (der vernünftige Gottesdienst) bei Paulus hin (Röm 12,1). Es meint die Hingabe der ganzen Existenz an Gott.[74]

Diese Bedeutung haftet genau genommen auch dem deutschen Begriff „Glaube" an. Er hängt mit der Wortfamilie „lieb" zusammen[75] und weist ursprünglich auf ein Treueverhältnis im germanischen Recht hin, ebenfalls ein existenzielles Ver*trauen*. Der Begriff Treue wiederum könnte mit „verwurzelt sein" umschrieben werden.[76] Diese existenzielle Dimension auch des deutschen Glaubens-Begriffs belegte ein Werbeplakat aus der „Glaubensreihe" der 4711-Werbung: Im Nieder-ländischen/Afrikaans heißt „Ich glaube" *„Ik geloof"*[77] – da hören wir das Wort „geloben" heraus, das tatsächlich eng mit „glauben" zusammenhängt. Glaube ist folglich eine enge Bindung, vergleichbar dem Gelöbnis eines Bundeswehrsoldaten, das ihn im Extremfall bis in den Tod an sein Vaterland bindet.

„Glaube ist Substanz dessen, was man hofft; der Beweis von Dingen, die man nicht sieht." (Hebr 11,1). Im Glauben ist im Keim – der Substanz nach – schon da, worauf wir hoffen: das ganze, wirkliche Leben. Es ist schon da in Christus.[78]

Glaube gibt dem Leben einen neuen Grund, eine neue Basis.[79]
Christlicher Glaube ist also keine fromme Leistung, sondern ein „Wurzeln", Vertrauen, Vertrautheit, Zutrauen, sich in seiner Lebensgestaltung ganz öffnen für die Realität Gottes.[80] Er manifestiert sich in der Nachfolge Jesu. Der Glaubende vertraut sich der Führung Jesu an, wie wir uns etwa einem Busfahrer anvertrauen, dass er uns sicher da hinbringt, wohin wir wollen. Er betrachtet Jesus als sein ihm vorausgehendes Vorbild, von dem er lernt; nicht indem er Inhalte konsumiert, sondern im buchstäblichen Sinne des Wortes „nachfolgt". Glaube bleibt nie Theorie, sondern ist immer Praxis.[81] Das Wort Gottes ist nicht nur Talk, es hat immer eine Wirkung (vgl. Jes 55, 10f). Niemand von uns wird vermutlich je im Leben Gottes Stimme „hören" wie es Don Camillo im Film vermag. Aber wie wir aus dem Matthäusevangelium wissen, hat Gott viele Mittel, uns „anzusprechen" – beispielsweise durch die Not unserer Mitmenschen (Mt 25). Und wenn wir uns entsprechend „angesprochen" oder „gerufen" fühlen, stellt sich für uns eine ganz konkrete Handlungsfrage. Wir müssen diesem „Ruf Gottes" nicht folgen. Wir können – dürfen – Hilfe auch verweigern. Gehen wir aber darauf ein, so ist unsere Reaktion „Glaube". Die Gemeinschaft derer, die Gottes Ruf folgen, wurde schon im alten Israel „die Herausgerufenen" genannt: *ekklesía* – Kirche.
Vor Gott dürfen wir sein, wie wir sind. Das ist aber auch eine Aufgabe: Leben im Glauben ist gegen eigenes, sündhaftes Verhalten gerichtet, wie beispielsweise Stolz, Eitelkeit, Neid, Zorn, Geiz, sexuelle Wollust oder Trägheit. Es ist mit dem Eingeständnis der eigenen Armut und Ohnmacht (= Demut)[82] verbunden. Es zeigt: das Wenige ist

für Gott nicht zu gering – er sieht auf die Person in Liebe. Entsprechend ist dem Herrn Glaubens-Gehorsam wichtig. Gehorsam kommt von hören. In biblischen Texten stehen hören und Ohr stets für das vorurteilslose Aufnehmen dessen, was ist. Gott wünscht sich, dass wir aus freien Stücken, indem wir die Welt offen betrachten, zu ihm JA sagen. Denn wo Gott wirkt, beginnt im Verborgenen eine Quelle zu fließen.[83] Dieser christliche Glaube, diese innere Lebenshaltung, wird unweigerlich durch Taten nach außen hin sichtbar, weil der Ruf Gottes die Notwendigkeit zu konkretem Handeln nach sich zieht. Oder wie Matthäus schon sagte: *„An ihren Früchten werdet ihr sie erkennen."* (Mt 7, 16).

Wer in Gemeinschaft mit Gott lebt, hinterlässt in seinem Leben geistliche Eindrücke (vgl. 1 Tim 4,12) – eine Spur des geistlichen Lebens. Wer mit Gott lebt, bringt seinen Mitmenschen Wertschätzung und Anerkennung entgegen (Phil 2,3). Wer in dieser heiligen Gemeinschaft lebt, sucht den Rat anderer und nimmt ihn an (Spr 1,5). Wer in Beziehung zu Gott lebt, weiß, dass dieser Herr Leben wekken kann, wo nichts zu erwarten ist (Klgl 3,24).[34] Wer in Gemeinschaft mit Gott lebt, weiß sein Leben auf Dauer in Gottes Hand und muss selbst den Tod nicht fürchten.

2.6. Kirche als Kulturgut

Weshalb aber traut man der Kirche heute diese eben umrissene Sinnvermittlung fürs eigene Leben nicht mehr zu? Ein wichtiger Grund liegt meiner Meinung nach in der Herausbildung eines aufgeklärten, im Kern säkularen Bürgertums seit dem Ende des 18. Jahrhunderts: Religion findet seine Berechtigung in ihr nur noch als Kulturgut beziehungsweise als moralische Instanz. Als die Reichskirche mit der Säkularisation von 1803 vernichtet war, konnte die neu gebildete Volkskirche als „Kulturgut" zwar dem Ansturm und den Anfeindungen der bürgerlichen Aufklärer überstehen[85]; Glaube wurde so aber zum erzieherischen Instrument und als solches nur noch eine Möglichkeit unter anderen. An diesem Punkt hat sich die alte Volkskirche heute bereits erledigt. Hierin berühren wir schon das Dilemma der gegenwärtigen, allerorts bemühten Wertediskussion: Die „Werte" umreißen unsere Vorstellungen davon, wie Religion sein sollte.[86] Ohne eine tiefe Verwurzelung im Lebensentwurf des Einzelnen – nur als „Kulturgüter", die es zu erhalten gilt – büßen sie allerdings ihre Berechtigung im Denken der einzelnen Individuen ein; zurück bleiben leere Hüllen, die man befolgt, „weil man das eben so macht". Folglich gehört die Kirche heute zwar nach wie vor zum glanzvollen Zierrat familiärer Feiern und es wird ihr noch die Autorität des erhobenen Zeigefingers zugestanden, wenn bürgerliche Wertvorstellungen in Frage gestellt sind. Zur Frage nach Sinn und Glück des *eigenen* Lebens, wie wir sie oben definiert haben, gibt so eine „Kultur-Kirche" aber in der Tat nichts her. Das Christentum wird zu einer reinen Formalität, wie es Religion einst in der spätrömischen Republik war: „*Die Götterverehrung […] war von einem Skeptizismus durchsetzt, der durch das Eindringen fremder Götter und Kulte aus dem […] Osten verstärkt wurde. Die Gebildeten neigten zu den philosophischen Lehren der Griechen […]. Bei den einfachen Bürgern stiftete der Synkretismus, die Vielfalt von Göttern und Weltanschauungen, eher Verwirrung. Sektiererische Praktiken breiteten sich aus. […] Die Tätigkeit der Pontifices, der Brückenbauer zwischen Menschen und Göttern, erschöpfte sich in der bloßen Überwachung der zahlreichen Kulte und Formalien. Den Göttern geweihte Feste und Spiele,*

häusliche Rituale zwischen Geburt und Tod gehörten zum römischen Lebensalltag"[87] gewissermaßen als „Kulturgut".
Dieses Verständnis von Religion wird auch dadurch belegt, dass sich heute die meisten Menschen bei der Suche nach Sinn und Glück vor allem auf ihr eigenes Vermögen verlassen oder dem wissenschaftlichen Weltbild einen deutlichen Vorrang gegenüber allen christlichen „Alternativen" einräumen.[88] Das erinnert an den Mythos des Prometheus, der sein Leben selbst in die Hand nimmt, da er das Feuer der Götter stiehlt, um es den Menschen weiterzugeben. Wir stehen also eigentlich erneut in der Situation, in der das junge Christentum den Sinn-suchenden Menschen vor 2000 Jahren vermittelte: damals bot der vernünftige Glaube gegenüber den defizitären Naturreligionen im Ringen um den Sinn des Lebens die bessere Alternative. Wir müssen also die Kirche aus ihrem Image als Formalität zurückführen, uns fragen, womit die Kirche damals punkten konnte und ob diese Argumente nicht auch heute noch Gültigkeit haben.

3. Hauptursachen der Kirchenkrise

Wir haben aus der Sicht unserer postmodernen Gesellschaft nach Ursachen der Kirchenkrise gesucht. Da wir nicht fündig wurden, legten wir den Scheinwerfer herum und versuchten, diese Kirche aus dem veränderten Blickwinkel der eigentlichen menschlichen Grundbedürfnisse heraus zu betrachten. Allmählich zeigt sich uns, dass unsere übliche Perspektive nicht ganz die richtige sein kann, um das Wesen der Kirche zu begreifen. Entsprechend ist anzunehmen, dass die Ursachen der Kirchenkrise vielleicht andere sind, als wir es meinen.
Das soll am Beispiel der eingangs genannten „dringend erforderlichen Reformen" erläutert werden. Was soll hier jeweils reformiert werden, aus welcher Motivation kommen diese „Reformen" und was können sie erreichen?

- Der Zölibat soll aufgehoben werden. Das Rezept unserer Gesellschaft gegen den Priestermangel lautet also: Freie Sexualität für Pfarrer. Noch deutlicher wird das in den Forderungen zu Kondomen, Pille oder Homosexualität. Doch wirkt das Allheilmittel der 68er Generation tatsächlich? Unser nationaler Feldversuch seit über 40 Jahren muss heute doch vielmehr als gescheitert betrachtet werden[89] und wird von der jungen Generation mehr und mehr aufgegeben. Sexualität wird als „*willenlos und animalisch*"[90] angesehen und der Jugend entsprechend als Mittel der Sinnsuche auszuleben zugestanden – taugt sie dann aber noch zur Liebe zwischen Menschen? Desmond Morris hat gezeigt, dass menschliche Sexualität ihrer Natur nach auf dauerhafte Beziehungsbildung angelegt ist, damit beide Eltern bei der Erziehung ihrer Kinder zusammenwirken.[9] Kinder sind im Konzept der „freien Sexualität“ heute aber ein Tabuthema, was mir meine Schülerinnen wiederholt bestätigten: *„Was haben denn Kinder mit Sex zu tun?“* Wie soll nun damit der Priestermangel behoben werden? Die evangelischen Kirchen zeigen uns jedenfalls, dass verheiratete Pfarrer nicht unbedingt mehr Menschen in die Kirchen locken; und es gibt nach unserer Erwartungshaltung auch nicht genug davon. Es zeigt sich also, dass Kirche und Sex zwei Paar Stiefel sind.

- Frauen sollen die Priesterweihe erhalten können. Damit kommt ein weiteres Rezept unserer Gesellschaft zur Anwendung: „Gleichberech-tigung“. Das hätte schon seine Berechtigung. Nur ist aus Umfragen unter meinen Schülern stets klar hervorgegangen: Frauen wird heute zwar zugestanden, Männerberufe erlernen zu dürfen. Unter diesem emanzipatorischen Verputz ist unsere Gesellschaft aber erzpatriarchalisch geblieben. Was zählt, sind nämlich ausschließlich Männerwerte, wie Leistung, Wettbewerb, Technik. Was soll das dem Glauben nützen, wenn nun Frauen auch die Männerrolle „Priester“ besetzen dürfen? Abgesehen davon, dass Frauen zweifellos ganz gewiss genauso gute Seelsorgerinnen sind wie Männer, wird doch deutlich, dass auch diese vermeintliche „Reform“ am Grundproblem der Kirche vorbeigeht und ihr in dieser Form nicht helfen würde. Zuerst sollte eine frauenspezifische Priesterrolle entwikkelt beziehungsweise für die eigentlichen Frauenwerte in unserer Gesellschaft eingetreten werden, wie (echte) Kommunikation, Ästhetik und die berechtigte Sorge um die (eigenen) Kinder.

– Die „Basis" fordert mehr Mitspracherecht in der Kirche. Hier soll „Demokratie" als Medikament verabreicht werden. Nur: kann diese Arznei bei dem Patienten wirklich anschlagen? Es ist entschieden darauf hinzuweisen, dass die Kirche von ihrer Verfasstheit her keine Monarchie des Papstes oder Aristokratie von Bischöfen darstellt, denen sich die Christen untertänig zu beugen hätten oder gegen die sie revoltieren müssten. Sie ist aber auch keine Demokratie oder gar Basisdemokratie in der Mehrheiten per Volksentscheid bestimmen könnten. Die Kirche ist und bleibt vielmehr eine *Theokratie* beziehungsweise Christokratie. *Gott* ist es in Christus, der durch den Heiligen Geist die Kirche führt. Das heißt, dass die Kirche kein bloßer Menschenverein und kein reines Dienstleistungsunternehmen ist. Sie ragt vielmehr über die Welt hinaus,[92] weil auch Gott zur Kirche gehört. Der Geistlichkeit und den Laien gleichermaßen kommt es zu, den Willen Gottes zu erkennen und danach zu handeln.[93] Was Christen von Nichtchristen unterscheidet, ist die Anerkennung des Reiches Gottes, der tatsächlichen Herrschaft Gottes über die Welt und die eigene Existenz. Darin besteht das revolutionär Neue, wodurch das Volk Gottes seit Abraham die Weltgeschichte mitgestaltet: Die Kirche entzieht sich menschlicher Willkür und diktierter Ideologie. Allein sie garantiert durch Gottes liebendes Wirken dem Menschen ein wirklich freies, menschenwürdiges Leben. Natürlich regieren durch die teilhabenden Menschen auf allen Ebenen Sünde und Egoismus in der Kirche mit. Menschliches Versagen, menschlicher Eigennutz und menschliche Willkür bleiben durch den teilhabenden Gott aber immer in Frage gestellt.

Und damit kommen wir zu den meines Erachtens wesentlichen Hauptursache für unsere gegenwärtige Krise:

1. Zunächst einmal haben wir uns heute zu weit von unserem natürlichen Leben entfernt. Wie erwähnt ist es eine erwiesene Sache, dass unsere *„uralte Hardware"*, von der Harald Lesch spricht, unter dieser *„neuen Software"* leidet, weil wir für so ein Leben nicht gemacht sind.[94] Gerade unsere Kinder wachsen jenseits dessen auf, was menschliches Leben in der Natur ausmacht. Kaum ein Kind hat ein loderndes Feuer gespürt, den ungetrübten Sternenhimmel gesehen, eine Mondnacht im finsteren Wald erlebt; manch eines meint, Kühe seien lila und das Wasser komme aus der Leitung. Und die ständige Fixierung auf das Smartphone verstärkt noch diese Entfremdung von den eigenen Wurzeln. „Echte" Erfahrungen, auf die Bibel und Glaube aufbauen, fehlen oft.

   Biblisch-christlicher Glaube begreift den Menschen in seiner Welt und strebt ein gottgewolltes (= natürliches), menschliches Leben an. Fehlen genau diese urmenschlichen Erfahrungen, wird das Verstehen der elementaren Erfahrungsebene biblisch-kirchlicher Texte ungemein schwer.

2. Mit der Herausbildung eines aufgeklärten, im Kern säkularen Bürgertums am Ende des 18. Jahrhunderts findet Religion seine Berechtigung nur noch als Kulturgut. So führt sie seither innerhalb eines künstlichen „Kind-Ghettos" ein „kindgerechtes", romantisch-sentimentales, zuckersüßes Randdasein.[95] In unserer postmodernen Gesellschaft wird Glaube zum bloßen erzieherischen Instrument und in Form eines Kulturgutes nur noch eine harmlose Möglichkeit unter anderen. So gehört die Kirche zwar nach wie vor zum Schmuck familiärer Feiern und sie ist eine Moralinstanz, wenn bürgerliche Wertvorstellungen in Frage gestellt werden. Die gegenwärtige Krise erklärt sich aber daraus, dass man der Kirche aus aufgeklärter Überheblichkeit eine Rolle zudachte, die nicht ihre Rolle ist. Sinn und Glück im eigenen Leben kann so eine „Kultur-Kirche" in der Tat nicht vermitteln.
3. Als Dreh- und Angelpunkt unserer Krise aber gilt, dass Gott in unserer Welt keine Rolle mehr spielt. Unsere Hauptmedien, Fernsehen und Internet, sind gottlos. Wir haben darauf hingewiesen, dass diese Medien für eine zunehmende Zahl von Menschen unserer Gesellschaft die eigentliche Realität darstellen. Ohne Gott aber wird die Kirche leer. Ein Wort das dem Ökumenischen Patriarchen Athenagoras I. von Konstantinopel zugeschrieben wird, zeigt markant, welche Konse-

quenzen es hat, wenn wir Gott und den Heiligen Geist als „Beziehungsmedium“ zwischen Gott und uns selbst aus unseren Augen verlieren:

Ohne den Heiligen Geist
ist Gott fern
bleibt Christus in der Vergangenheit,
ist das Evangelium ein toter Buchstabe,
die Kirche ein bloßer Verein,
die Autorität eine Herrschaftsform,
die Mission Propaganda,
die Liturgie eine Geistbeschwörung
und das christliche Leben eine Sklavenmoral.

In der Krise stehen Glaube und Kirche doch nur dort, wo Gott rigoros ausgeblendet wird. Ja, wenn das universale Heil Gottes ignoriert wird, dann hängt wirklich unser Sinn und Gelingen in einer transzendenzlosen Kirche allein vom Papst, seinen Bischöfen und Priestern ab. Wird eigentlich nicht verstanden, dass Benedikt XVI. und auch Franziskus genau diese Rolle des „Superhelden“ permanent und mit Recht von sich weisen?

4. Entsprechend trauen wir dem Ereignis der Auferstehung Jesu nicht mehr ihre eigentliche Wirkkraft in Bezug auf unser gegenwärtiges Leben zu. Dass sie nicht beweisbar ist, bedeutet nicht, dass sie nicht stattgefunden haben kann. Die Auferstehung Christi ließ aus enttäuschten Feiglingen im Angesicht des Kreuzes mutige Glaubensverkünder werden, die für ihre österliche Überzeugung bis in den Tod gingen.[96] Im Ostergeschehen liegt die gesamte Kraft, die das Christentum bis zum heutigen Tag zu einer die Menschheit prägenden

Bewegung macht: Die göttliche Verheißung über Tod und Sinnlosigkeit hinaus. „*In der Auferstehung protestiert Gott gegen das Unrecht. […] Gott selbst stellt sich auf die Seite des unschuldig Ermordeten – damals und heute. Er steht auch auf der Seite derer, die heute um ihr Recht auf Leben betrogen werden. [Da reicht die Liste von unseren abgetriebenen Kindern bis hin zu den Opfern von Ausbeutung, Hunger und Krieg in der Dritten Welt – bis hin zu Aleppo.] Dieser Gott wird all den unschuldigen Opfern ihr Leben und ihre Würde zurückgeben. Sich zur Auferstehung Jesu zu bekennen, erfordert den Einsatz für alle, die heute sinnlos geopfert werden, wo und wie auch immer.*“[97] Darin liegt die Wucht dieser Botschaft und darum darf sie eben keine Illusion sein.

5. Und schließlich wird hierzulande auch nicht mehr erkannt, dass der Gott der Liebe den Menschen nicht erniedrigt, sondern zu sich erhebt. Er verleiht ihm Würde und Wert, Freiheit von Göttern, Geistern und Tabus. Wie der hochdekorierte Film „Mission“ sehr eindringlich zeigt, gibt die Kirche den Menschen zu allen Zeiten und an allen Orten Identität und Heimat, die in diesem Fall die christianisierten Guarani-Indianer auch unter Lebensgefahr nicht mehr aufgeben wollten. Das ist de facto die Erklärung, weshalb es in der Kirche zu jeder Zeit und auch heute noch Märtyrer gibt, die lieber den Tod in Kauf nehmen, statt den Glauben aufzugeben.

4. Was in der Kirche steckt

Der christliche Glaube ist also von seinem Wesen her mehr, als ein „Kulturgut", er hat recht besehen eigentlich mit „Kult" und „Religion" gar nichts zu tun, ist vielmehr „Philosophie",[98] weil er dem eigenen Lebensentwurf dient. Bereits im alten Griechenland gab es Menschen, die die Welt und die Götter hinterfragten und entsprechend in Frage stellten. Sie, die Philosophen, standen am Rande der Gesellschaft und wurden misstrauisch als *Atheoi,* Atheisten, beäugt; manche, wie Sokrates, mussten sogar für ihre vermeintlich ketzerischen Ansichten sterben. Nach der Vorstellung der Antike manifestiert sich Religion in zwei großen Bereichen, der „rationalen Gotteslehre" (*theologia rationalis*) und der „zivilen, staatlichen Gotteslehre" (*theologia civilis*). Beides hat mit dem, was wir heute unter *Theologie* verstehen, nicht viel gemein. Die griechischen Bezeichnungen enthüllen deren Inhalte exakter: die Pflege der Religion in den *Mythen* und in der *Politik*, im Staatskult. Im Theater spiegelte sich die zeitgenössische Gesellschaftsordnung: Die Tragödien führten dem Publikum die herrschende, unumstößliche göttliche (Staats-) Ordnung vor Augen. Ihr hatten sich alle unterzuordnen, um nicht wie die tragischen Helden zu enden – als Zuckerstück wurde jede Vorführung noch mit einer Komödie garniert, die diese Ordnung kurz auf den Kopf stellen durfte, damit man sie außerhalb der Bühne umso sorgfältiger beachtete. Und diese streng hierarchische Ordnung spiegelte sich ebenso im Opferritual der Tempel; sei es der Athener Parthenon, der Jupitertempel auf dem Kapitol oder später vor der Kaiserstatue im Rahmen des Kaiserkults. Genau besehen sind solche Formen der Religion bis heute nicht verschwunden. Das sehen wir in der Art, wie Olympische Spiele oder Fußballturniere inszeniert werden ebenso, wie in subtilen Opferritualen der Staatspolitik – etwa im Angesicht der Finanzkrise.

Die dritte Theologie nach der Darstellung des Stoikers Marcus Terrentius Varro (116–27 v. Chr.) ist die „natürliche Gotteslehre“ (*theologia naturalis*), die „*Physik*“. Sie hinterfragt die Wirklichkeit und wagt es, die herrschende religiöse Ordnung in Frage zu stellen. Dieser Theologie folgte zu allen Zeiten die Götzenkritik der Bibel. Schon in der Antike wurden die Christen ja als *Atheisten* verfolgt – und später zur Stütze des Römischen Reiches erhoben. Denn der christliche Glaube ist eben keine Formalie, kein Lippenbekenntnis oder Kult, sondern seine Anhänger haben sich diese Haltung zur Lebensgrundlage gemacht, sodass das nun christliche Reich noch weitere tausend Jahre nach Konstantin bestand, wo das heidnische Imperium gewiss längst untergegangen wäre.

Natürlich hat die Kirche unsere Kultur wesentlich mitgestaltet und trägt sie nach wie vor mit. Diese Funktion hat der Glaube als Lebensentwurf aber eigentlich nur sekundär inne, als „Religions-Ersatz“ gewissermaßen. Der Glaube praktiziert das so überaus erfolgreich, weil die Menschen seit 2500 bis 3500 Jahren mit Gott Erfahrungen gemacht haben, die sich in der Bibel niederschlugen. Diese betreffen unsere ganz urmenschlichen Anliegen: die Frage nach Sinn, Glück, Geborgenheit, Beziehung und Anerkennung. Diese Menschen haben erkannt, dass man hierbei nicht allein auf sein eigenes Können und auf die Hilfe der Naturgewalten zählen kann, wohl aber auf

den Schöpfergott selbst. Indem sie ihr Leben so gestalten, wie es eigentlich von der Evolution her (Schöpfungstheologisch gesprochen: vom Willen Gottes her) ihrer Natur entspricht, leben sie gottgefällig und sinn-voll.
Wie steht es um die moralische Rolle der Kirche? In der Bibel finden sich ja zuhauf moralische Verhaltensanweisungen und Regeln. Jesus lässt diese auch alle gelten, wenn er seinen Jüngern ins Gedächtnis ruft, er sein nicht gekommen, das Gesetz aufzuheben, sondern es zu erfüllen (Mt 5, 17-20). Er wendet sich aber wiederholt und vehement gegen ein falsches Verständnis, wie er es vor allem bei den Pharisäern findet: als könne der Mensch durch die strikte Einhaltung der Gebote zu seiner Erlösung etwas „leisten". Wer genau hinsieht, erkennt in der ganzen Bibel immer wieder: es soll uns nicht darum gehen, großartige moralische Leistungen zu vollbringen, sondern Gott durch sich handeln zu lassen.[99]
Das Ziel, das Gott mit uns hat, ist ein menschenwürdiges, freies Leben für alle Menschen. Jeder soll seiner Natur gemäß Sinn in seinem Leben finden. Wiederholen wir es: Licht, menschliche Wärme, Geborgenheit, Glück und Anerkennung – Gerechtigkeit und Liebe. Das Ziel der von Gott Gerufenen ist es, ganz in dieser Grundüberzeugung ihr Leben zu gestalten, den christlichen Glauben also zu einer Art „Betriebssystem" des eigenen Lebens zu machen. Da Gott, der Ganz Andere, uns Menschen liebt, ist Liebe der Grundtonus dieses Glaubens. Davon spricht die Bibel von der ersten bis zur letzten Seite und darauf hat nicht zuletzt auch Benedikt XVI. in seiner Enzyklika Deus Est Caritas hingewiesen. Versuchen wir nun aus dieser veränderten Perspektive die Rolle der Kirche in der eingangs dargestellten Gesellschaft zu bestimmen.

4.1. Postmoderne Kirche: „Prüft alles..."

Kann die Kirche eigentlich dem Anspruch der *Postmoderne* gerecht werden? Dazu müssen wir zuerst einmal feststellen, dass es unserer ganzen Gesellschaft an allen Ecken und Enden an dem fehlt, was unbedingt zu einer Gesellschaft, die sich selbst reflektiert, gehört: Toleranz. Der Begriff ist heute allgegenwärtig. Toleranz wird immer wieder als Folie fortschrittlichen, zivilisierten Verhaltens gegen rückständige Indoktrination aufgelegt. Und im Namen der Toleranz erstreiten sich einzelne Menschen oft das Recht, auch gegen den Widerstand überwältigender Mehrheiten ihre Meinung durchzusetzen, wie es etwa beim deutschen Kruzifixurteil von 1995 der Fall war. Doch bedeutet der ständige Ruf nach Toleranz auch wirklich, dass echte Toleranz geübt wird? Das Beispiel zeigt doch vielmehr, dass Toleranz eingefordert wird, wenn Einzelne wünschen, dass Andere sich ihren Vorstellungen zu beugen haben. Mit anderen Worten: mit Hilfe eines falschen Toleranzbegriffs wird unsere Gesellschaft allzu oft unter das Diktat Weniger gebeugt: Intoleranz, die im Gewande der Toleranz daherkommt. Neuerdings ist ja auch nicht mehr von „Toleranz" die Rede, sondern von „Akzeptanz" – wir bewegen uns immer mehr von der Demokratie hin weg zu einem autoritären System.[100]

Der Begriff „Toleranz" leitet sich vom lateinischen *tolerare* ab und bedeutet *dulden, ertragen.* Damit ist die Fähigkeit umschrieben, andere Meinungen und Standpunkte gelten zu lassen, ohne sie zu teilen. Toleranz ist keine Gleichgültigkeit, denn der fehlt es am gemeinsamen Interesse. Toleranz ist auch keine „Wertlosigkeit", wie es das erwähnte Kruzifixurteil vermittelt. „Akzeptanz" hingegen bedeutet *zustimmen, billigen*; man muss es also gutheißen auch wenn es nicht der eigenen Vorstellung entspricht. Toleranz setzt im Gegensatz dazu einen eigenen Standpunkt voraus. Das ist ungewöhnlich in unserer Mainstream-Gesellschaft, wird aber ganz und gar der Postmoderne gerecht. Denn ihr geht es ja um die fortwährende Selbstreflexion, die aber nur dann möglich ist, wenn wir eine eigene Position vertreten, die wir ständig selbst kritisch hinterfragen und prüfen, wie es einer jüdischen Tradition entspricht. Wir stellen darum fest, dass unsere Gesellschaft trotz der Flut inflationärer Worte noch immer in „modernen" Gedankenmustern verhaftet und eigentlich in der proklamierten „Postmoderne" nicht angekommen ist.

Und da ist nun ausgerechnet die Kritik an unserer Gesellschaft, wie sie die Kirche immer wieder übt, gerade nicht vor-moderne, selbstgefällige Schlechtmacherei, wie es ihr oft vorgeworfen wird. Im Gegenteil vollzieht sie gerade damit den postmodernen Anspruch. Die Kirche macht seit der Zeit der biblischen Propheten von ihrer postmodernen Verpflichtung also schon immer rege Gebrauch – und das sogar mit Johannes Paul II. als *Papst ohne Worte*. Widerspricht aber ein verbindlicher Wertemaßstab, wie ihn die Christen vor allem von der Schrift vorgegeben erhalten, nicht dem, was wir gerade als Toleranz definiert haben? Nein, denn das Ertragen anderer Meinungen setzt ja wie gesagt einen eigenen Standpunkt voraus. Das ist für jeden Einzelnen sein Gewissen, das für jede Situation abwägen muss, wie man sich im Sinne des Evangeliums verhalten sollte. Dafür ist jeder allein Gott Rechenschaft schuldig. Die Kirche hütet Gottes Wort und legt es nach den Erfahrungen der vergangenen Jahrtausende als Richtmaß und Maßstab zur individuellen Orientierung aus.[101] Schließlich steht die Frage im Raum, ob speziell die katholische Kirche noch ein Obrigkeitsstaat ist, dem sich alle Gläubigen gehorsam unterzuordnen haben. Nein. Die Väter des Zweiten Vatikanischen Konzils haben genau diesen Entwurf bereits vor einem halben Jahrhundert entschieden verworfen.

4.2. Globale Kirche: Katholisch – allumfassend

„Schneller, besser, billiger" – ist die allgegenwärtige Devise unserer globalisierten Welt. Der Slogan trägt die Botschaft in sich, dass höhere Qualität zeitsparender und preisgünstiger erreicht werden kann. Wenn wir dieses Schlagwort jedoch näher durchleuchten, drängt sich die Frage auf, wie das eigentlich funktionieren soll, da uns Albert Einstein ja gelehrt hat, dass im Universum nichts verschwindet. Wenn uns also etwas weniger kostet als es wert ist, muss es jemanden geben, der für uns mitbezahlt. Heute ist *Geiz* hoffähig geworden; er *ist* modern geworden, *geil*.[102] Gerade im wirtschaftlichen Bereich zeigt sich die unangenehme Kehrseite unserer glänzend globalisierten Welt.

Nun ist aber auch die Kirche selbst von Anfang an und nach wie vor ein sehr erfolgreicher Global Player und praktiziert als solcher eine andere Art von Globalisierung. Wie sieht dieser Entwurf aus? Die Kirche ragt über die Welt hinaus. Sie ist Gemeinschaft der von Gott Gerufenen. Als solche betrifft sie *alle* Menschen, die alle gleichermaßen von Gott gerufen werden; sie ist allumfassend – kat-holisch. Da sie eine Gemeinschaft mit Gott ist, ist es folglich nicht ihr Ziel, Dienstleister in einer globalisierten Welt zu sein, sondern im Gegenteil beharrlich die Rechte und Würde aller Menschen in dieser gandenlosen Welt der Selbstbereicherung im Konsum einzufordern. So handelt ja Papst Franziskus, wenn er die Ärmsten der Armen auf

Lampedusa, in der Zentralafrikanischen Republik, Uganda, Kenia und anderswo besucht, um ihre Zugehörigkeit zur globalen Gemeinschaft aller Menschen zu demonstrieren. Die hierzulande über den Fiskus erhobene Kirchensteuer ist demzufolge auch kein Vereinsbeitrag, sondern das in vielen Religionen geforderte Almosen: Im Bewusstsein, selbst von Gott mit Liebe beschenkt worden zu sein, ist es nur recht und billig, Gott (stellvertretend der Kirche) solidarisch seinen Beitrag zu einer gerechteren Welt zur Verfügung zu stellen. Ein Beispiel möge das veranschaulichen: Nehmen Sie an, lieber Leser, Sie haben mit Freunden vereinbart, ein Wochenende auf einer Hütte zu verbringen. Damit es eine gemütliche Zusammenkunft wird, bringt jeder was mit. Nun gibt es aber einen in Ihrer Runde, der nichts dazu beiträgt, sich aber eifrig am Buffet und bei den Getränken bedient. Würden Sie das gut finden? Vermutlich nicht. Warum aber plädieren Sie dann für die Abschaffung der Kirchensteuer, die ja genauso ein Solidarbeitrag ist? Sind dann nicht Sie der Schmarotzer, über den Sie sich gerade aufgeregt haben? Im demütigen Verzicht auf einen kleinen Teil seines eigenen Geldes kann somit durch unsere Hilfe für andere ein wenig vom Heil, der Liebe und Gerechtigkeit Gottes in der Welt spürbar werden. Dass dieses Geld nicht nur Notleidenden gegeben wird, sondern auch zum Erhalt unserer Kirchen dient – zur höheren Ehre Gottes – hat eine uralte und bewährte Tradition.

4.3. Plurale Kirche: Der Leib mit den vielen Gliedern

Paradoxerweise reagiert unsere „plurale“ Gesellschaft oft sehr empfindlich auf jede Form von eigener Meinung, die vom politisch-korrekten Mainstream abweicht, obwohl das doch gerade die Eigenheit der Pluralität ist. So ein „Abweichler" steht sofort im Verdacht, fundamentalistisch und intolerant zu sein. Unsere gerade durch den ehemaligen US-Präsidenten George W. Bush in sehr plakative Formen gegossene Welt tut sich bemerkenswert schwer mit den vielfältigen Positionen unserer Gesellschaft, wie es uns die „Flüchtlings-Krise" mit all ihren unschönen Facetten seit 2015 zeigt. Das ist allenthalben auch im Bundestag immer wieder zu erleben, wenn einzelne Abgeordnete es wagen den „Fraktionszwang" zu verlassen. Vor allem in der Multikulti-Ära Schröder war dies wiederholt ein Thema der Tagespolitik.

Gelingt dieser Spagat zwischen eigener Überzeugung und dem Zulassen andersartiger Ansichten nicht, weil beispielsweise die nötige Sicherheit in der eigenen Position fehlt, dann suchen wir in unserer Angst instinktiv fest umriegelte Denkgebäude, die andere uns als verbindlich vorgeben, um den nötigen Halt zu finden: wir sind auf dem Weg zum Fundamentalismus.

Reden wir von Fundamentalismus, denken wir heute zuerst an Islamisten, politisch motivierte Terroristen aus der muslimischen Welt, und stempeln unter diesem Begriff unzulässigerweise den Islam als Gesamtheit ab. Fundamentalisten missbrauchen bewusst oder unbewusst eine Religion für das Erreichen ihrer ganz unreligiösen, egoistischen Ziele; es gibt sie selbstverständlich auch innerhalb der christlichen Welt und auch im diffusen, areligiösen Bereich. Wollen wir Fundamentalismus definieren, könnten wir ihn als *„das kompromisslose Festhalten an [politischen oder religiösen] Grundsätzen"*[103] umschreiben. Oder anders gesagt: Im Fundamentalismus wird eine Sache, eine Ideologie über

die Menschen erhoben; die Menschlichkeit gerät aus dem Blick. Wir könnten den Fundamentalismus also auch definieren als Befolgung der heiligen Schriften dem Buchstaben nach, was sich über den Menschen hinwegsetzt und den Menschen für die Sache instrumentalisiert.
Wie steht nun die Kirche dazu? Pluralität scheint auf den ersten Blick dem Universalanspruch und der kirchlichen Verfassung des Christentums zu widersprechen. Die gebotene Liebe, Gott, die Nächsten und sich selbst anzunehmen, wie man ist, schließt mit ein, dass wir gegenüber den Geliebten Toleranz üben. Natürlich war und ist auch innerhalb der Kirche nie alles vorbildlich tolerant. Zahlreiche verbrannte Ketzer stehen unleugbar auf dem Konto der Kirche. Toleranz aber ist im Gebot der Liebe (den anderen so annehmen wie er ist) seit biblischen Zeiten im Christentum fest verankert. Die katholische Kirche tut in diesem Sinne ihren Standpunkt kund. Verbrannt, verfolgt oder diffamiert hat sie Andersdenkende schon lange nicht mehr – aber natürlich hat der Vatikan ein Recht, von seinen ordinierten Vertretern vor Ort zu verlangen, dass sie sich an die Vorgaben der Kirche halten; jeder Mitarbeiter gleich welcher Institution unterliegt so einer Weisungsgebundenheit – das sei mit Blick auf einen Hans Küng, Eugen Drewermann oder Leonardo Boff klargestellt.

Manfred Lütz[104] hat mit Recht darauf hingewiesen, dass das Dogma der Unfehlbarkeit exakt auf die Wahrung der Pluralität und gegen jede Form von Fundamentalismus ausgerichtet ist. Denn es hält fest, dass niemand – kein Mensch – den Anspruch erheben darf, unfehlbar zu sein, und der Papst auch nur in einem sehr eng festgelegten und höchst selten angewandten Reglement.[105] Was er unfehlbar verkündet, sind Glaubenswahrheiten, die alle Christen zu allen Zeiten ohnehin schon geglaubt haben. Indem jedoch kein Mensch den Anspruch erheben darf, unfehlbar zu reden, bleibt die Einhaltung von Toleranz und Pluralität gewährleistet. Niemand darf anderen seine Meinung als alleinverbindlich aufzwingen und muss andere Meinungen respektieren – auch ein Kalif Bagdadi und auch der eifrigste Salafist. In einer Glaubenshaltung, in der wir uns von Gott geliebt wissen und uns darüber bewusst sind, dass auch unsere Mitmenschen dieser Liebe teilhaftig sind, sind wir verpflichtet, die Meinung der anderen zu tolerieren – wenngleich wir dafür unsere eigene Meinung nicht aufgeben müssen und dürfen. Dieses kirchliche Verständnis vom Leib mit den vielen Gliedern spiegelt sich gerade auch in der sehr große Bandbreite wieder, die es in der Nachfolge Jesu innerhalb der allumfassenden (=„katholischen") Kirche von *opus dei* bis zu *Wir sind Kirche* gibt. Praktizierter Pluralismus ist eigentlich die Anwendung bester katholischer Tradition in einer Weltkirche, die seit ihrem Anfang plural und global ausgerichtet ist. Sie weiß sich nicht als uniformer Block, sondern als Vielheit ganz unterschiedlicher Individuen, die in ihrer Geschichte und Lebenssituation ernst genommen sein wollen. Dazu gehört kritische Distanz (*„Prüft alles, behaltet das Gute"* 1 Thess 5, 21) ebenso wie Toleranz oder die Übersetzung christlichen Gedankenguts in andere Kulturwelten (Enkulturation).

4.4. Interaktive Kirche: Gemeinschaft der Glaubenden

Meiner Einschätzung nach stehen wir mit den umfangreichen Navigationssystemen GPS und Galileo, mit Gesundheitskarte, elektronischem Personalausweis mit Fingerabdruck und elfstelliger Identitätsnummer erst an Anfang einer Erfassung aller Menschen, die im schlimmsten Fall das Szenario absoluter Kontrolle von George Orwells *Big Brother* weit in den Schatten stellen könnte. Das umso mehr als vor allem aber nicht nur unsere Jugendlichen sorglos ihre persönlichsten Daten und Fotos bereitwillig ins Netz stellen. Trotz aller Vorteile, die wir in keiner Weise leugnen wollen, verbergen sich in unserer faszinierenden, buntglitzernden, virtuellen Welt gefährliche Fallen.

Wie es scheint, kann sich hier jeder mit jedem vernetzen und unendlich viele Informationen austauschen. Es scheint, als seien wir permanent inmitten einer großen Gemeinschaft. Da mag es überraschen, dass gerade heute immer mehr Menschen an Depression und Vereinsamung leiden. Wir Menschen nämlich sind auf *persönliche* Beziehung angelegt. Der Kontakt mit Menschen vis à vis schüttet im Gehirn nachweislich Hormone aus, die uns Lebensfreude vermitteln. Fehlt diese Kommunikation im eigentlichen Sinne, werden wir krank. Die Fachwelt hat für dieses Phänomen bereits einen Begriff geformt: *„medialer Hospitalismus“*.[106]

Ich habe *facebook* gewissermaßen im Selbstversuch ausprobiert. Die Beobachtungen gelten mehr oder weniger so für alle virtuellen „sozialen Netzwerke“:

- Zwar haben wir den Eindruck, vielen Leuten zu begegnen und die Neugier treibt uns, die dort vorgestellten Menschen näher kennen zu lernen. Dabei springen wir auf Profilbilder an – es ist aufregend, eine unbekannte, attraktive Person durch eine Freundschaftsanfrage anzubaggern. Wie der Münchner Merkur aber im März 2012 berichtete, lügen etwa ein Drittel aller Nutzer im Netz. Auch wenn viele davon falsche Angaben machen, um sich vor Datenmissbrauch zu schützen, werden diese Lügen dennoch als vermeintliche Realität wahrgenommen.[107]

- Durch das chatten via Handy sind immer mehr Menschen auch im Alltag abgelenkt, zum Teil mit lebensgefährlichen Folgen, wie der Tod eines Mädchens in München 2015 zeigte, die eine herannahende Trambahn übersah. Permanent vernimmt man irgendwo das charakteristische Pfeifsignal einer neuen SMS. Das Lesen neuer Nachrichten, das Suchen neuer Freunde, simsen, chatten, mailen und whatsappen mit Freunden erfordert viel Zeit und Aufmerksamkeit, die uns anderswo fehlt. Das wird aber erwartet, da man sonst schnell abgehängt ist. Diese Zeit fehlt zur normalen, persönlichen Kontaktaufnahme. Damit aber steigt zugleich die Hemmschwelle. Am 26.08.12 hörte ich eine Frau im Olympiapark zu einem Bekannten sagen, sie sei lange allein gewesen und müsse sich erst wieder an Nähe gewöhnen. Das trifft zu. Soziale Kompetenz verkümmert also im Netz. Das fördert wiederum im Gegenteil eine Sehnsucht nach der vermeintlich „realen" Welt im Netz, die global ist.
- Zuletzt wächst mit den virtuellen Netzwerken die Anonymität: es ist nicht zu erwarten, dass man mal einen facebook-„Freund" life trifft und freudig begrüßen kann, weil der „Freund" zu selten im eigenen Ort wohnt – und selbst dann verkehrt man via Internet und nicht vis á vis; vielleicht auch, weil man den „Freund" wegen seines falschen Bildes im Netz gar nicht erkennt.

- Immer weniger Menschen ist noch klar, dass unsere digitalen Medien genauso wie das Fernsehen eine virtuelle Welt sind, abgekoppelt von der Wirklichkeit – und dazu auch oft noch falsch. Das erlebte ich etwa, als ich im April 2012 mit der S-Bahn unterwegs war. Einige Jugendliche unterhielten sich. Einer erzählte von einem Ereignis in der Straße, in der sein Freund wohnte und das auch in der Zeitung gestanden hatte. *„Was in der Zeitung steht, stimmt – genau wie im Fernsehen. Das was im Fernsehen kommt, ist immer wahr und stimmt."* Zwar waren seine Freunde nicht ganz seiner Meinung; er aber stand felsenfest zu seiner Überzeugung. Es war deutlich zu erkennen, dass er das nicht ironisch meinte, er führte es ja als Beweis für seine Behauptung an. Die nachweislich unter Regie entstandenen *Daily Soaps* werden von ihm wie von vielen anderen Menschen als real eingeschätzt.[108] Und da ist es bemerkenswert, dass gerade in unserer Zeit des „wissenschaftlichen Generalschlüssels" – womöglich gerade als Gegenbewegung – „magische" Filme wie *Harry Potter, Game of Thrones* oder *H_2O – Plötzlich Meerjungfrau*, medienwirksam inszeniert, zahlreiche Fans an sich ziehen. Ganz ähnlich verhält es sich mit dem Internet, wie wir oben erwähnt haben. Was sind das für Beziehungen, die etwa in *facebook* zu Menschen aufgenommen werden, die nicht nur unter einem Pseudonym firmieren, sondern auch noch falsche Bilder über ihr Aussehen dort einstellen? Für Unzählige ist diese von vorn herein trügerische Fernseh- und Internet-Welt aber ihre Lebensrealität geworden. Ihre eigentliche Wirklichkeit kennen sie nicht mehr. Das zeigt ein Fall, der im April 2012 im Münchner Merkur zu lesen war: Beim *Centralen Erforschungsnetz außergewöhnlicher Himmelsphänomene* in Mannheim geht seit der Verbreitung von Smartphones eine Flut von UFO-Meldungen ein. Was die beunruhigten Menschen mit ihren Handys als vermeintliche Ufos aufnehmen, sind helle Planeten und Sterne. „*Viele Menschen [wissen] einfach nicht, was am Himmel zu sehen ist. ‚An lauen Abenden – [Werner Walter nennt] das immer Ufo-Wetter – gehen sie dann ins Freie, schauen nach oben und wundern sich, dass es da funkelt und blinkt' […]. Dann zücken sie ihr Handy und [filmen] mal die Venus, mal den Jupiter.*"[109]

Unsere virtuelle Parallelwelt verleitet uns dazu, die eigentliche Realität mit der virtuellen zu vertauschen. Da wir für eine solche Software aber nicht gemacht sind, werden wir in unserer künstlichen Isolation krank. Darum bemerkt Lütz ganz richtig, dass sich nicht das reale Leben (Liebe, Güte oder die Existenz Gottes) vor der irrealen Medien-Welt rechtfertigen müsse, sondern im Gegenteil müssten unsere virtuellen Medien dafür Rechenschaft ablegen, warum sie uns Menschen hindern, unser reales Leben zu leben, warum sie uns von Liebe, Güte, Gott … abhalten.[110]

Drei Dinge sind in diesem Zusammenhang für die Kirche seit Anbeginn positiv zu verbuchen:

– Der Glaube ist zutiefst auf Beziehung ausgerichtet. Das drückt sich in der Gemeinschaft der Glaubenden ebenso aus, wie in der Nächstenliebe und sogar im Modell der Trinität. Denn *ein* Gott steht den Menschen immer haushoch überlegen gegenüber und wir können uns ihm nur unterwerfen. Eine *Zwei*zahl steht immer für einen Gegensatz, eine Dualität, wie Gut und Böse. *Drei* aber korrespondieren miteinander (das hat selbst das so lapidar politische Triumvirat von Cäsar, Pompejus und Crassus gezeigt). Ein Gott in drei Personen ist also auch eine Metapher für einen Gott, der in sich Beziehung ist.

- In der Liebe wird die Person jedes Einzelnen absolut ernst genommen. Freilich sitzen im Gottesdienst die Gläubigen zum größten Teil beziehungslos nebeneinander. Was das II. Vatikanum einst mit „*tätiger Teilnahme*" am Gottesdienst meinte, ist nicht, dass alle permanent beschäftigt sein müssen. Wir alle sollten uns im Gottesdienst vielmehr mit Gott im Dialog verstehen. Wir kommunizieren miteinander mit Gott. Und wie sehr auch das Miteinander zur Natur des Menschen gehört, zeigt uns deutlich die Fangemeinde während eines Fußballspiels.
- Diese Gemeinde zeigt sich nicht nur im Gottesdienst, sondern auch außerhalb bei der Hilfe für Notleidende, weil sie den Blick auf die Welt offenhält und sich *allen* Menschen öffnet. Die Kirche war zu allen Zeiten eine soziale Kirche, die füreinander solidarisch einsteht durch Geldmittel (Kollekte, Kirchensteuer!) aber auch durch das Gebet und die Fürbitte, ein schon im Alten Testament bezeugtes Mittel der geistigen Unterstützung.[111] Zur Gottesbegegnung gehört auch immer die Begegnung unter den Menschen. Es ist kein Zufall, dass etwa im katholischen Bayern neben der Kirche stets das Wirtshaus zu finden ist.

4.5. Rationale Kirche: Vernunft – Ehrfurcht - Demut

Der Wissenschaftsglaube und sein „naturwissenschaftlicher Generalschlüssel“ offenbaren uns etwas über unsere eigene Psyche: wir wollen die Welt erklären und damit beherrschen können. Das ist in Wirklichkeit aber Opium gegen die Unsicherheit, die die menschliche Existenz auch in unserer hochtechnologischen Zivilisation nach wie vor umgibt. Manfred Lütz ruft uns ins Gedächtnis: *„Wissenschaft ist nicht die Welt, sondern sie erfasst nur einen bestimmten Aspekt der Welt und des Lebens. Einen nützlichen und wichtigen gewiss, aber er umfasst zu unserem Glück nicht alles.“*[112] Dennoch geben wir uns der Täuschung hin, „*das, was menschlich wichtig ist [wie Vertrauen, Liebe…] für weniger wahr zu halten, als irgendwelche gemessenen Nützlichkeiten*“.[113] Es ist bemerkenswert, wie stark sich überkommene, plakative Überzeugungen mit wenig Schärfe trotz des offenkundigen Gegenteils zäh in unserer postmodernen, wissenschaftlich geprägten Gesellschaft halten können. Beispielsweise wird kirchliche Unvernunft gerne damit begründet, dass Kaiser Theodosius I. 392 alle heidnischen Tempel und auch die berühmte Bibliothek von Alexandria schließen ließ. Ignoriert wird über diesen Einzelfall hinaus, dass es die Klosterschulen in Ägypten und später in der ganzen christlichen Welt waren, die das heidnische Wissen und seine Kultur weiter lehrten.[114] Auch Heinrich Hesses modernes Galileo-Märchen oder das Klischee, die Inquisition habe im Mittelalter Hexen verbrannt, sind hier zu nennen. Dahinter verbirgt sich oft genug keine echte, begründete Überzeugung, sondern ein trotziges Beharren auf der eigenen Position, auf einem Weltbild, vor dessen Zusammensturz man sich fürchtet.

Hier spielen also nicht Vernunft, sondern Angst und Unsicherheit (die wir allerdings ernst nehmen müssen) die erste Geige und verwehren den offenen, kritischen Blick auf das Trugbild. Diese Haltung bemerke ich wiederholt, wenn ich Kindern und Jugendlichen die wahren Sachverhalte vorstelle. Oft genug regt sich dagegen Widerstand, weil es den eigenen, fragwürdigen Lebensentwurf ins Wanken zu bringen droht. Entsprechend bin ich auch stets bemüht, keiner Frage auszuweichen, um meinen Schülern zu zeigen, dass ich meinen Lebensentwurf jederzeit kritisch hinterfragen kann und lasse.
Die moderne Gehirnforschung[115] hat festgestellt, dass unser Gehirn uns die Welt nicht so zeigt wie sie wirklich ist, sondern so wie es unserem Überleben dient. Die Behauptung „Ich glaube nur, was ich sehe“, ist also in Wahrheit Unsinn und Selbsttäuschung. Wissenschaft ist eine wichtige kulturelle Errungenschaft, die uns von allen Tieren auf der Welt unterscheidet. Wissenschaft aber ist ein Mittel zum Zweck. Sie kann uns weder Sinn vermitteln noch Religion ersetzen. Wir müssen uns in einer Zeit „entgleisender Säkularisierung“[116] davor hüten, Wissenschaft zum alleingültigen Maßstab für unser Leben zu erheben. Gott ist kein Teil dieser Welt und darum mit unseren wissenschaftlichen Instrumenten auch nicht wahrnehmbar.

Der biblische Glaube setzt sich seit Anbeginn mit den „Göttern“ kritisch auseinander. Seine Anhänger sind über viele Generationen in ihrer persönlichen Lebenserfahrung zur Erkenntnis gekommen, dass es nur *einen* Gott gibt, der sich – im Unterschied zu den griechischen Philosophenschulen[117] – aktiv ins Weltgeschehen einmischt. So müssen wir dem Christentum eigentlich nach der Definition Varros den Titel „Religion" aberkennen. Die Heilige Schrift legt im ersten Schöpfungsbericht Wert darauf, dass es außer Gott nichts mehr gibt, was göttliche Verehrung verdient: Umständlich vermeidet es Gen 1, 14-19, selbst die Begriffe „Sonne" und „Mond" zu verwenden – weil die hebräischen Wörter *šemeš* und *jaret* Götternamen sind. Ein solcher Glaube hat zu allen Zeiten die herrschenden Ordnungen, die sich in der Regel durch göttliche Vollmachten legitimieren wollen, entlarvt und kritisiert. Naturwissenschaft wie wir sie kennen, konnte sich nur in einer derart säkularen Weltsicht entwickeln. Wir haben bereits darauf hingewiesen: unter diesem Aspekt, dass eben niemand, und der Papst auch nur unter ganz bestimmten Umständen für sich die absolute Wahrheit in Anspruch nehmen darf, ist ja auch das Unfehlbarkeitsdogma zu verstehen.

Diese menschliche Hybris, alles genau zu wissen, ist allerdings keine Erfindung der letzten 200 Jahre. Eine Beispielgeschichte dieser Art finden wir schon in der so genannten „Ur-Geschichte" der Genesis: Der Turmbau zu Babel. Bereits hier schreiben die biblischen Autoren vom menschlichen Irrglauben, alles selbst machen und erreichen zu können – selbst den Himmel zu stürmen. Historisch besehen spiegelt sich darin gewiss Respekt vor dem babylonischen Zikurrat *Etemenanki*. Der religionskritische Text will uns nicht moralisierend belehren, dass Gott zerstreut, wer meint, aus eigener Kraft zu ihm vorstoßen zu können. Vielmehr führt er uns vor, dass der Mensch mit seinen Mitteln – selbst mit den technischen Spitzenleistungen seiner Zeit – Gott nicht erreichen (oder ihn sich gar unterwerfen) kann. Es muss darum gehen, sich nicht

auf die Höhe Gottes schwingen zu wollen, sondern sich in der Demut des Dienstes von Gott selbst zum „wirklichen Ebenbild Gottes“ [118] formen zu *lassen.* Die Gegengeschichte zum Turmbau ist denn auch in Gen 28 zu finden: Jakob träumt von der Himmelsleiter: allein Gott überbrückt die Distanz und schenkt Nähe aus sich selbst. [119]
Herbert Fendrich bemerkt in einer kunstgeschichtlichen Betrachtung zum babylonischen Turmbau: *„Nur eine Menschheit, die aus ‚Herrn' und ‚Knechten' besteht, kann babylonische Türme bauen.“*[120] Wie ist das heute? In unseren westlichen Demokratien gibt es ja keine Gottkönige mehr, die sich und ihre Herrschaft mithilfe abertausender Knechte anhand von monumentalen Prachtbauten glorifizieren lassen. Wenn wir uns aber fragen, wer heute eigentlich „babylonisch Türme“ baut, so kommen wir der Sache näher: Das World Trade Center, die Bankenhochhäuser von Frankfurt oder die Auseinandersetzung in München, Hochhäuser von mehr als 100 m Höhe auch innerhalb des Mittleren Ringes zu bauen, verdeutlichen: Heute sind es vor allem die Banken, Versicherungen und Wirtschaftskonzerne, die Wolkenkratzer bauen. Sind sie die modernen „Herren“? Alt-OB Christian Ude warb für die Baufreiheit in München mit dem Slogan: *„Wenn Unternehmen in München keine Hochhäuser bauen dürfen (die die Höhenvorgabe der Frauenkirche überschreiten), dann kommen sie nicht.“*[121] Allerdings sind die Manager und Vorstandsmitglieder nicht die eigentlichen Herrscher; die Aktionäre auch nicht. Vielleicht diverse Großaktionäre, die sich und ihr Investment verherrlicht sehen wollen? Oder es ist, durch das Geld, eine Art kollektive Habgier, die, weil sie selber keinen Verstand hat, sich zahlloser Handlanger bedient. „Herr“ unserer Zeit ist dann folglich ein Trieb, der zu einer ei-

genständigen Realität erhoben wird, die es aber gar nicht gibt, ein Wahn bzw. eine Idee – ein „Gott“: Wachstum, Reichtum, Wohlstand. Es führt uns die Rückkehr der vom Christentum einst verklappten „Religion“ vor Augen und den erneuten Kampf gegen die „Gottesleugner“, die diesen „Gott“ wie schon im Alten Testament als „Nichts“[122] bezeichnen – Geschichte wiederholt sich, weil es hierbei um urmenschliche Auseinandersetzungen von bleibender Aktualität geht. Indem die Bibel solches thematisiert, bleibt sich auch heute zeitlos gültig.
Wer sind die „Knechte“? Die Bauarbeiter und Firmen, die mit dem Bau dieser Türme beauftragt werden, erhalten dafür ja durchaus (aber nicht immer) guten Lohn. Auf wessen Schultern ruhen also unsere Türme, wer sind unsere „Sklaven“? Sind es die Menschen außerhalb der „Ersten Welt“, jene, die unseren Wohlstand in den „Billig-Lohn-Ländern“ oder in den durch uns ausgebeuteten Ländern der „Dritten Welt“ finanzieren? Oder sind es wir alle, die wir uns an das „Geld“ versklaven?

Zuletzt müssen wir darauf hinwiesen, dass Wissenschaft von seinem inneren Wesen her immer revidierbar bleiben muss und nur so lange gilt, bis sie widerlegt ist. „Wissenschaftlicher Glaube“ ist also ein Widerspruch in sich, weil es hier keine Glaubensgewissheit geben kann, die für die eigene Lebensgestaltung tragfähig wäre.[123]
Wer meint, die Kirche, der Glaube stehe hier dem wahren Menschsein im Wege, der irrt. Fritz Lang hat die Thematik des Turmbaus in seinem Film „*Metropolis*“ aufgenommen und seinen Turm Pieter Bruegel nachempfunden. Der hat es schon raffiniert auf den Punkt gebracht: sein berühmtes Gemälde offenbart einen fundamentalen Konstrukti-

onsfehler: strebt der Turm äußerlich in einer gewaltigen Spirale auf (die Spirale ist Symbol des Fortschritts, des Wachstums), so ist er innen konzentrisch angeordnet – dort herrscht Leerlauf. Fritz Langs Turm ist vollendet. Gleichwohl, sein Film endet in einer klassenlosen Gesellschaft.[124] Der Turm bleibt sich am Ende selbst überlassen, denn eine solche Gesellschaft braucht so ein Bauwerk nicht mehr. Sehen wir von Langs marxistischem Ansatz ab, so ist er in seiner Konsequenz fundamental biblisch: Vor Gott sind alle Menschen gleich. Es gibt nicht Herr noch Knecht.

Tatsache ist, dass sich die Gemeinschaft der Glaubenden immer um das Miteinander von Glaube und Vernunft bemühte. Benedikt XVI. wurde nicht müde, das zu betonen (etwa in seiner Rede vor dem Deutschen Bundestag), was schon für die frühen Kirchenväter selbstverständlich war – und auch schon für die Bibel. Die beißende Götzenkritik der Propheten könnte durchaus „wissenschaftlich" genannt werden; beispielsweise wenn Jes 44, 9-22 nachweist, dass das gleiche Holz, das man für verehrte Götterstatuen verwendet, genauso zum Heizen verfeuert wird und dem Holz folglich keine göttliche Kraft innewohnen kann. Neben der eigenen Abschottung gegen die Moderne wurde die Kirche gerade in den letzten zweihundert Jahren eifrig mit kirchenfeindlichen Klischees belegt. Die ganze Bibel wurde im demütigen Wissen um die menschliche Begrenztheit geschrieben. Davon legt beispielsweise die Übersteigerung der Flucht Israels durch das Schilfmeer ins Unrealistische Zeugnis ab: statt des plausiblen Ostwindes, der das Wasser zurückdrängt und den vermeintlich gerissenen Israeliten einen Fluchtweg bietet, türmen sich in einer jüngeren Textfassung auf unnatürliche Weise die Wassermassen wie Mauern auf. Es sollte dadurch klargemacht werden, dass sich die Israeliten nicht selbst retteten, sondern es allein Gott war, der sie vor den Ägyptern schützte. Damit haben wir einen von menschlicher Selbstüberschätzung freien Blick auf die bescheidene, aber liebenswerte Natur des Menschen und seine wahre Bestimmung. Seit dem Zweiten Vatikanischen Konzil (1962 – 1965) versteht sich die „Amtskirche" auch als Dienst, nicht als Herrschaft. Und vergegenwärtigen wir uns zu guter Letzt nochmals: Nikolaus Kopernikus, Johannes Kepler oder Gregor Mendel waren katholische Geistliche, die für ihre wissenschaftlichen Erkenntnisse in keiner Weise verfolgt wurden – und Papst Gregor XIII. wegen seiner gregorianischen Kalenderreform natürlich erst recht nicht. Beenden wir diesen Gedankengang resümierend mit den Worten von Werner Heisenberg, dem Nobelpreisträger für Physik von 1932: *„Der erste Schluck aus dem Becher der Wissenschaft führt zum Atheismus. Aber auf dem Grund des Bechers wartet Gott."*[125]

4.6. Heilende Kirche: Göttlicher Beistand

Weshalb sind esoterisch-okkulte Praktiken so faszinierend? Die Anwender solcher Dinge wollen zumeist nicht um deren vernünftige Erklärung wissen. Es ist bemerkenswert, dass unsere Gesellschaft mit postmodernem Anspruch schon seit einigen Jahren mit „*Harry Potter*", „*Eragon*", „*Der Herr der Ringe*" oder „*Game of Thrones*" auf einer postfaktischen[126] Magiewelle reitet. Der Esoteriker nun wiegt sich in der scheinbaren Sicherheit, dass ihm durch magisch-energetische Kräfte die ganze Natur (Sterne, Energien, sogar die Toten …) zu Diensten steht. Es wird ihm das Gefühl vermittelt, er habe durch sein Geheimwissen sein Leben und die ganze Welt in der Hand. Das schmeichelt der eigenen Eitelkeit. Nur: Weder Gott noch die elementaren Dinge des eigenen Lebens können mit diesen Mitteln wirklich erfasst werden.[127] Jene, die das meinen, geben sich also einer weiteren Wahnvorstellung hin. Als Beispiel möge ein Mann genügen, der im Vorfeld der päpstlichen Pastoralreise nach Bayern 2006 interviewt wurde. Er sagte, natürlich werde er den Papstgottesdienst in München-Riem besuchen, denn er wolle auch etwas von der Energie des Papstes in sich aufnehmen. So fromm das auf den ersten Blick wirken mag: es ging ihm nur um sein eigenes Ich, nicht um den feierlichen Dienst an Gott, zusammen mit dem Heiligen Vater. Jenen wollte er im Gegenteil zu seinem eigenen Energiegewinn förmlich „anzapfen".

Stark mit esoterischem Gedankengut durchsetzt ist der boomende Wirtschaftszweig der *Wellness*. Yoga, Tai Chi oder Feng Shui liegen in ihren Ursprungsorten fundierte religiöse Vorstellungen zugrunde. Hierzulande erleben wir sie zumeist als sinnentleerte Hülsen. Die Esoterik praktiziert keine Auseinandersetzung mit Naturwissenschaften. Daran besteht auch kein echtes Interesse. Der ganze Esoterik-Markt kommt uns selbstbewussten, modernen Menschen sehr entgegen, weil er uns vorgaukelt, frei auswählen zu können.

Auch die Form eines „Buddhismus light", wie er in der westlichen Welt praktiziert wird, fasziniert wohl vor allem dadurch, dass der Buddhist sich selbst erlösen kann (und muss). Die völlig andere Weltsicht einer millionenfachen Wiedergeburt, die durch die eigene innere Abtötung mittels Meditation unterbrochen werden kann, die unserer abendländischen Kultur eigentlich ganz und gar zuwider läuft, wird nicht wahrgenommen. Auf existenzielle Themen menschlichen Daseins wie Leid oder Tod hat unsere ganze Esoterik keine Antwort – und der westliche Light-Buddhist auch nur vordergründig.

Die Kirche weiß den begrenzten Menschen mit seiner Frage nach Sinn und Heil nicht allein. Sie ist in der Lage, diesem für unsere Existenz so notwendigen, universellen Bewusstsein als einem echten Gegenüber einen Namen zu geben. In seiner Beziehung zu uns hat es sich nämlich als eines erwiesen, das mit den Menschen in Beziehung tritt. Die existenziellen Themen, die den Menschen beschäftigen, Anerkennung, Glück, Sinn, Geborgenheit, aber auch Tod, Leid, Unrecht, muss die Kirche auch gegen alle Widerstände weiterhin beharrlich zur Sprache bringen. Das ist ihre legitime Pflicht in einer postmodernen Gesellschaft.

Gott nimmt uns zwar das Leid nicht ab, er begleitet uns aber hindurch. Papst Benedikt XVI. drückte es so aus, „*dass Christus das Tor unserer letzten Einsamkeit [in seiner Höllenfahrt] durchschritten hat, dass er in seiner Passion eingetreten ist in diesen Abgrund unseres Verlassenseins. Wo uns keine Stimme mehr erreichen kann, da ist Er.*“[128]

Es trifft zu, dass dieser uns begleitende Gott, weil er uns liebt, uns Regeln gegeben hat, an die wir uns halten sollten – nicht weil er uns in unserer Freiheit einschränken will, sondern weil diese Gebote ein menschenwürdiges, gottgewolltes Leben für *alle* Menschen ermöglichen. Solche geforderten Selbstbeschränkungen widerstreben dem Totalen Markt, weil sie den grenzenlosen Konsum behindern; sie formen in uns aber unser wahres Menschsein, das sich über die Summe unserer Triebe und Instinkte erhebt.[129] Außerdem haben sie ganz konkrete Konsequenzen für uns: „*Weil wir nicht fasteten, verloren wir das Paradies*“, sagte vor über 1600 Jahren schon der Kirchenlehrer Basilius der Große.[130] Heute, da Fasten out ist und für den Überfluss in unseren Supermärkten die Welt systematisch und rücksichtslos ausgeplündert wird, erfährt dieser Ausspruch aber eine ungeahnte Aktualität: Indem wir in unserem Wahn versuchen, ein Paradies auf Erden zu errichten, vernichten wir unseren Lebensraum und sind dem Garten Eden ferner denn je.

Aus den genannten Gründen sollte die Kirche ihrer Sendung treu[131] bleiben und nicht versuchen, dem Markt mit den Mitteln des Marktes Konkurrenz zu machen. Erstens ist der Markt der Kirche in diesen Dingen an Unterhaltungswert immer überlegen und zweitens vertieft die Kirche damit nur den Eindruck, sie sei auch nichts anderes als ein Teil der Event-Branche. Sie muss sich davor hüten, mit Mitteln der Werbung oder mit Aktivismus, Sonderprogrammen, Heile-Welt-Slogans oder sinnentleerter Sentimentalität Mitglieder zu binden, zu gewinnen oder zu mobilisieren. Ebenso wenig darf sie in fundamentalistischer Weise den gewaltsamen Kampf aufnehmen, weil sich im Kampf die Gegner angleichen und die Inhalte, um die es geht, in den Hintergrund treten. Die Entwicklung in Syrien seit 2011 zeigt das auf beklemmende Weise. All das wird ihr, genauso wie dem Islam, nur schaden und den Weg in die Bedeutungslosigkeit beschleunigen. Das meinte Benedikt XVI. meines Erachtens mit der geforderten Entweltlichung der Kirche.[132]
Die Kirche hat im Ruf Gottes eine Botschaft, die auch heute noch gehört wird. Allerdings nur dann, wenn sie auch verstanden wird. Seine ganze Kraft entfaltet dieser

Glaube nämlich im Angesicht des Todes, wie ich im August 2016 während der Begräbnisfeier meines Schwiegervaters wieder erleben konnte. Auch wenn der Tod praktisch allen von uns durch das Sterben von Verwandten oder Bekannten durchaus vertraut ist[133] und wir in unseren Nachrichten und unserer Unterhaltung vom Tod geradezu überflutet werden, ist vielen Menschen der Umgang mit dem Tod im eigenen Alltag abhanden gekommen. Daran ist ja nun beileibe nichts Schlimmes und Gott wird es denen verzeihen, die sich in ihrer schönen, heilen Welt von ihm abwenden. Als ein Pfarrer nach dem Amoklauf in Winnenden der Frage eines Schülers *„O Gott, wo warst du?"* im Radio entgegen hielt *„Wo wart ihr, als es euch gut ging?"*, so spiegelt der Vorwurf menschliches Empfinden aber nicht Gottes Liebe. Wenn es aber darum geht, mit der abstoßenden Fratze des Todes fertig werden zu müssen, wenn sie in unsere kleine Existenz herein gafft, dann sollten wir in diesem Glauben verwurzelt sein, damit uns der Tod nicht umreißt. Das aber erfordert, dass wir uns bereits im Glauben festmachen können, bevor eine existenzielle Krise über uns hereinbricht. Zu diesem Sich-Verwurzeln in Gott für den Ernstfall wollen uns Religionsunterricht und Kirchenbesuch Hilf sein.

4.7. Noch ein Wort zur Weltkirche

Wir müssen uns klar machen: Die Probleme, die uns in Deutschland und Europa umtreiben – Priesterzölibat, Frauenordination, mehr Mitspracherechte – sind spezifisch europäische bzw. deutsche Probleme. Es braucht uns folglich nicht zu wundern, wenn der Papst als Oberhaupt der weltweiten, global denkenden, katholischen Kirche diese nicht zur Chefsache erklärt. Das wurde im Dezember 2015 wieder einmal belegt, als Papst Franziskus am Ende seiner Afrikareise von Journalisten zum AIDS-Problem gefragt wurde, wie er zu einer Lockerung des Kondomverbotes stünde. Franziskus antwortete auf diese im Kern sexistische Frage, zuerst seien die Hauptursachen der afrikanischen Probleme zu bekämpfen, nämlich Armut, Hunger oder die Kriege.[134]

In wenigen Jahren werden etwa 25 % aller Christen in Afrika leben. Während in Europa die Menschen zu östlichen Pseudokulten abdriften, verlassen die Menschen in weit größeren Dimensionen in Indien, Indochina, Korea und China ihre traditionellen Religionen, um sich dem Christentum zuzuwenden. Was bewegt diese Menschen dazu? Das sollte uns nachdenklich stimmen.

Von der Situation des Glaubens anderswo können und sollten wir lernen.

P. Karl Wallner legte während eines Vortrags in München zum Priestermangel dar, im Vergleich zu Ländern, wo der Glaube lebendig sei, hätten wir noch einen *Priesterüberschuss*. Als Benedikt XVI. 2007 Brasilien besuchte, waren Zahlen über die Christen und Priester in allen Ländern der Welt zu erfahren. Demnach gibt es in Lateinamerika, Afrika oder Indien, wo der Glaube in sehr prosperierender Form expandiert, pro Kopf deutlich weniger Priester als in Europa. Wir müssen hierzulande also von einem sehr hohen Niveau herabsteigen: Unser Glaubensleben ist im Sinne eines Kulturgutes daran gewöhnt, dass Kirche eine Art Dienstleistungsunternehmen ist, das man konsumieren kann. Auf Ansprüche zu verzichten, die man gewohnt ist, schmerzt natürlich. Wir müssen uns eben wieder daran gewöhnen, selbst Hand anzulegen, wo das „Fachpersonal“ fehlt, das sich zugegebenermaßen gerne selbst unverzichtbar macht. Glaube betrifft ja die eigene Lebensgestaltung und keinen Konsum von Angeboten. Die Diener der „Amtskirche“ wie die Gläubigen selbst müssen sich immer wieder ins Bewusstsein rufen, dass die „Hauptamtlichen“ keine Befehlsgeber sind, ohne deren Erlaubnis nichts geht.

Aus mehreren aufschlussreichen Beiträgen des RELIGIONSMONITOR 2008 ist ersichtlich, wie es um die Religiosität und Kirche außerhalb Deutschlands steht. In knappe Worte gefasst, ist der christliche Glaube im europäischen Kontext noch gut verankert. Unter den befragten Ländern sind vor allem Italien und Polen heute die Fackeln des katholischen Glaubens. Andere Länder, wie Frankreich, Russland oder Großbritannien weisen bereits eine deutlich höhere Säkularisierung auf. Natürlich darf man diese stereotype Aussage so nicht stehen lassen. Die Entwicklung in den einzelnen Staaten und Regionen ist ganz eigene Wege gegangen, die zu dem heute sichtbaren Ergebnis geführt haben. In Frankreich beispielsweise ist die Trennung von Staat und Kirche seit 1905 entschieden vorangetrieben worden. Für 70 Jahre glaubensfeindliche Politik der Bolschewiken interpretiere ich die Ergebnisse in Russland wiederum überraschend positiv. Es gibt hier einen hohen Zulauf zur russisch-orthodoxen Kirche.[135] Die ostdeutschen Bundesländer zeigen in erschreckendem Maße, wie „nur“ 40 Jahre antikirchliche Propaganda den traditionell liberal-protestantischen Glauben ziemlich gründlich aus der Bevölkerung roden konnte.[136]

Jenseits von Europa zeigt sich aber ein grundsätzlich anderes Bild: In Afrika und Asien wächst der christliche Glaube in beachtlichem Umfang – getragen häufig vom Engagement pentekostaler und charismatischer Freikir-

chen.[137] Auch Lateinamerika ist in einem wesentlich höherem Maße vom Glauben geprägt, als Europa. Natürlich müssen wir dabei berücksichtigen, dass unter der noch weitgehend katholischen[138] Oberfläche eine Vielzahl indigener und afroamerikanischer Religiosität vorhanden ist. Das aber gehört seit Anbeginn zur bewährten christlichen Missionsmethode der Enkulturation, in der alte Traditionen mit neuen, christlichen Inhalten gefüllt und so „christlich übersetzt" werden. Allerdings waren die Modernisierungen von Bolívar und Martí Anfang des 19. Jahrhunderts auf eine innere Umstrukturierung der Kirche gerichtet und nicht auf deren Niederreißung, wie es in Europa der Fall war. Das dürfte den deutlichen Unterschied zwischen Europa und dem Rest der Welt ausmachen: Die kirchenfeindliche Aufklärung, die in unserer Heimat etwa im Reichsdeputationshauptschluss und der Mediatisierung von 1803 gipfelte, blieb Amerika erspart. Die Regel, wonach Moderne und Wohlstand automatisch mit einer Säkularisierung einhergehen müssen, wurde in Europa durch Aufklärung und Marxismus geprägt. Amerika, und hier vor allem die USA, widerlegen diese Meinung nachhaltig und grundlegend.[139]
Wir müssen uns folglich Kardinal Kasper Recht geben, dass *„Westeuropa […] in menschheitlich kuturgeschichtlicher Sicht die Ausnahme"*[140] und nicht die Regel ist.

Der Blick in die Welt zeigt weiterhin, dass unsere Probleme verhältnismäßig eng auf Europa begrenzt bleiben. Das soll nun aber nicht unbedingt heißen, dass wir uns hier in Europa auf dem Holzweg befinden. Vielmehr sind wir ein Teil der Gesamtkirche, in der andere Themen wichtig sind als jene, um die wir kreisen. Die geistige Entwicklung Europas mag aber auch einmal andere Teile der Weltkirche erfassen. Dann werden wir unsere Erfahrungen unseren Schwestern und Brüdern mitteilen können – in aller Bescheidenheit als Teil des Ganzen.

Und noch ein letzter Punkt soll an dieser Stelle hervorgehoben werden. Bei aller Pluralität, bei aller Spaltung ist die Kirche doch ein Zeichen der Einheit aller Menschen vor Gott. Das wird in der Bibel wiederholt thematisiert, beispielsweise im Noah-Bund, der durch den Regenbogen immer wieder sichtbar gemacht wird. Die Kirche ist die Gemeinschaft derer, die Gottes Wille und Herrschaft in der Welt anerkennen und damit alle menschliche Machtansprüche grundsätzlich in Frage stellen.

5. Glauben leben und weitergeben in der heutigen Zeit

Das Glaubensleben des Menschen hängt in der Regel davon ab, in welche Kultur er als Kind hineinwächst. Früher, und heute noch auf dem Land, war es selbstverständlich, dass wir von Kindesbeinen an am kirchlichen Leben teilnahmen.[141] Heute erfordert der Glaube eine bewusste Entscheidung. Für die Kirche ist das eine überlebenswichtige Vorgabe, denn das vorkonziliare, volkskirchliche Glaubensleben hätte in unserer pluralen, medienzentrierten, säkularen Welt vermutlich bloß noch museal-folkloristischen Charakter. Wo aber diese Entscheidung seitens der Eltern nicht erfolgt, haben die Kinder keine Chance, wie selbstverständlich in den Glauben hineinzuwachsen. Da sowohl der schulische Lehrplan für den Religionsunterricht als auch die Sakramentenkatechese nach wie vor davon ausgehen, dass die fundamentale Glaubensunterweisung vom Elternhaus getragen wird, vermag Beides die Kinder und Jugendlichen oft nicht mehr persönlich zu erreichen.

5.1. Glaube leben

Welche Strategien lassen sich nun entwickeln, um die Stärken des christlichen Glaubens im eigenen Leben zur Wirkung kommen zu lassen? Was könnte man konkret tun? Auf einer Pressekonferenz bald nach seinem Amtsantritt in München und Freising 2008 hatte Kardinal Reinhard Marx hierzu mehrere Konkretionen[142] aufgelistet, auf die im Folgenden mit eingegangen wird.

5.1.1. Lebensgestaltung statt Kult und Religion

Unsere Zeit erlebt gerade das Ende der „Volkskirche“.[143] In dieser Zeit des Umbruchs und der Neuorientierung ist es für die Kirche von elementarer Bedeutung, dass der Glaube wieder als das begriffen wird, was er von der Wurzel her ist, nämlich die Grundlage der eigenen Lebensgestaltung, das eigene „Betriebssystem“.

Um diese „Grundhaltung des Lebens“, dieses „Betriebssystem der eigenen Existenz“ ordentlich zu „installieren“, bedarf es des ganz selbstverständlichen Hineinwachsens ins christlich-kirchliche Leben durch die Vermittlung der Eltern; sei es durch die Pflege christlichen Brauchtums, das gemeinsame Gebet, der sonntägliche Gottesdienstbesuch, das Sprechen über Themen des Lebens. Hierfür müssen die Eltern keine Fortbildungen besuchen und auch ihren Kindern keinem „christlichen Förderstress“ unterziehen. Die Fragen der Kinder kommen von selbst und letztlich ist es doch das ganz natürliche Begehren der Kinder, gleichrangig und ernst genommen zur Welt der Großen dazuzugehören. Sie wollen von sich aus in kein „Kind-Ghetto“ abgeschoben werden. Für ihre Antworten dürfen sich die Erwachsenen getrost auf ihren liebenden, gesunden Menschenverstand verlassen und ruhig auch einmal zugeben, dass sie etwas nicht wissen. Das entspricht der menschlichen Lebensrealität.

Der Exodus aus unserem romantisch-sentimentalen „Kind-Ghetto“ schließt die Bildung der Vernunft auch in religiöser Hinsicht mit ein. Schon die alttestamentlichen Propheten führen in ihrer Zeit eine schneidende Polemik gegen die Verehrung von Göttern in menschlicher Gestalt oder in den Naturgewalten. Gott ist der Ganz Andere, der

uns Menschen liebt. Wir dürfen folglich jede Kritik an Gottesvorstellungen, die diese Tatsache verdecken, zulassen und müssen sie sogar nach Kräften unterstützen.
Die gegenwärtige, allgemeine Verunsicherung aufgrund angeblich wissenschaftlicher Thesen, die dem menschlichen Empfinden zuwiderlaufen, führt zur fundamentalistischen Tendenz, um den Preis der Orientierung die eigene Freiheit fahren zu lassen. Jesus dagegen fordert die Befolgung von Gottes Geboten dem Geiste nach, wodurch das Gesetz für den Menschen da ist und nicht der Mensch für das Gesetz. Katholisch ist eine sehr weite Bandbreite, die (alle Christen eingerechnet) fast 2 Milliarden ganz individuelle Deutungen innerhalb des „Weidezauns der Weisungen Gottes", wie es das Judentum nennt, zulässt. Das ist wahrer Pluralismus, seit (das Judentum eingeschlossen) fast dreitausend Jahren.
Glaube ist nichts, was wir durch unsere eigene Leistung in Form frommer Kulte und Rituale erzeugen können – so wichtig auch der Erwerb von Glaubenswissen für eine rechte und fundierte Lebensgestaltung ist. Das „Erlernen" des Glaubens als Reaktion auf den Ruf Gottes vollzieht sich nicht im rationalen Wissenserwerb, nicht in der Befolgung von Dogmen, sondern im „Er-Leben" dieses Glaubens in all den genannten Ausdrucksformen. Christlicher Glaube ist also nichts Sentimentales, was nur Kinder und alte Frauen betrifft. Gerade für die Kinder weist P. Hubertus Freyberg zu Recht darauf hin, dass sie durch Nachahmen lernen, weil sie „groß" sein wollen. Entsprechend verschmähen sie „Kinderkram" und wollen vor allem für sich annehmen, was auch die Erwachsenen ganz selbstverständlich und aus Überzeugung selbst tun;[144] genauso wie wir Erwachsene uns letztlich auch verhalten.

5.1.2. Wie kann diese Lebenspraxis aussehen?

Wie vollzieht sich dieses „Erleben“? Damit verbunden ist eine Art zu denken, die unserer rationalen, naturwissenschaftlichen Erwachsenenwelt zunehmend fremd wird, aber eigentlich zutiefst menschlich ist. Unsere Kleinkinder üben diese Denkmuster noch. Sie haben eine andere Art zu denken und zu erleben. Das wird von uns Erwachsenen heute eher milde belächelt und im Verständnis unseres „Kind-Ghettos“ abgewertet. Diese Einschätzung aber ist falsch. Manfred Lütz[145] hat darauf aufmerksam gemacht, dass kindliches Denken zwar anders ist, als erwachsenes Denken – aber dennoch gleichrangig. Unser erwachsener Geist prüft alles auf seine Nützlichkeit für das eigene Überleben. Das ist für unser natürliches Leben vehement wichtig; bis heute. Die Kinder aber müssen sich in ihre Umwelt erst einmal einleben. Hier geschieht das, was uns Menschen gegenüber den allermeisten Tieren einen unschätzbaren Vorteil verschafft: wir sind imstande, uns jeder Umwelt in unserer Lebensweise anzupassen. Das leisten unsere Kinder. Dazu nehmen sie ihre Welt ganzheitlich auf und Beziehungen umfassend wahr. In anderen Kulturen und auch bei uns bis vor wenigen Generationen, haben sich auch die Erwachsenen diesen umfassenden Blick auf ihre Realität bewahrt. Die meisten Texte der Bibel mit ihren existenziellen Inhalten sind in dieser umfassenden, „kindlichen“ Denkweise geschrieben. Um sie verstehen zu wollen, ist es für uns Jugendliche/Erwachsene notwendig, uns diese Denkweise erneut zu Eigen zu machen. Der Fokus biblischer Schriften zielt zumeist auf die Beziehung zwischen Mensch und Gott, nicht auf geschichtliche Fakten, biologische Vorgänge oder moralische Nützlichkeit.[146]

Zu diesem Denken gehört auch das Lernen. Auch hier dürfen wir auf unsere Kinder blicken. Kinder erleben – sie gehen schon von Geburt an mit wachem Geist an die Welt heran.[147] Es ist ungeheuerlich, was ein Menschenkind im Erleben gerade in seinen ersten Lebensmonaten auf diese Weise lernt. Auch wir waren als Kinder ganz erfüllt davon, in unserem Erleben und Begreifen Welt selbst zu schaffen.[148] Lernen ist ein „kreativer" Akt. Kinder gehen an ihre Umwelt mit einem großen Selbstverständnis heran und nehmen zu ihr Beziehung auf. Wolfgang Bergmann beschreibt das so: „*Ein Kind [weiß] ganz genau [...], dass es die Welt bereichern wird, wie es jetzt schon mit jeder Geste spürbar macht, dass die Welt erzittern wird vom Glanz seines Daseins.*"[149] Schauen und Staunen sind die Instrumente, mit denen sich Kinder von ihrer Welt anrühren lassen und sich auf sie einlassen.[150] Wenn wir es genau bedenken, können wir in unserem Leben vieles für uns nutzbar machen. Unser Leben selbst, den Sinn unseres Daseins, unsere Nöte und Ängste, die existenziell sind, lassen sich von „erwachsenem Denken" aber nicht in den Griff bekommen. In dem sehenswerten Film „*Little Buddha*" bringt es Jesses Mutter (Bridget Fonda) nach der Beerdigung seines Großvaters auf den Punkt: „*Vom Wesentlichen in unserem Leben [vom Sinn des Lebens, warum wir geboren wurden, weshalb wir sterben…] haben wir keine Ahnung*" – und werden trotz all unserer Technik und Wissenschaft vermutlich nie eine befriedigende Antwort erhalten. Auch wir Erwachsenen sind gezwungen, in den beschriebenen „kindlichen" Denkmustern zu bleiben. Das hört sich negativ an, ist so aber nicht gemeint. Es muss uns darum gehen, unvoreingenommen und offen unsere Umwelt und unser Leben mit seinen Höhen und Tiefen wahrzunehmen und darauf zu vertrau-

en, dass es jemanden gibt, der uns bei der Bewältigung unserer Existenz beisteht.
Benedikt XVI. sagte aus dieser Sicht: „*Der Glaube ist einfach.*“ Er besagt, dass Gott – philosophisch ausgedrückt: „das, worüber hinaus nichts Größeres gedacht werden kann“ – alles erschaffen hat und seine Schöpfung einschließlich aller Menschen liebt; und so sehr liebt, dass er selbst in Jesus Mensch geworden ist, um stellvertretend für uns die Sünde zu überwinden. Seine Liebe schließt auch ein, dass er unsere Willensfreiheit belässt. Er ruft uns aber unablässig in der Schönheit seiner Welt und in der Beziehung und Not der Mitmenschen. Wer sich auf Gottes Ruf einlässt, mit ihm in Beziehung tritt, der gehört zur Gemeinschaft der Herausgerufenen, der glaubt. Und diese Neuausrichtung des eigenen Lebens hat Konsequenzen in den Beziehungen zu den Mitmenschen und auch zu sich selbst. Es ist ein Leben mit Gott gegen den Tod und die Vergänglichkeit der Welt – ein Gedanke, dessen Ausführung den Rahmen dieses Buches sprengen würde und bereits an anderer Stelle bedacht wurde.[151]
Diese Gemeinschaft mit Gott schließt eine extreme Freiheit mit ein. Das sehen wir beispielsweise, wenn Paulus den Thessalonikern rät, in ihrer Gemeinde keine Tabu-Themen zuzulassen („*prüft alles, behaltet das Gute*“ 1 Thess 5, 21). Alles, aber auch wirklich alles darf auf den Prüfstand. Damit hält die Kirche kritisch ihre Augen offen gegen die allgegenwärtigen, im Kern unvernünftigen Verführungen des Marktes, wie sie in Slogans wie „Du darfst“, „Es gibt keine Alternative“ et cetera propagiert werden. In unserer kritischen Distanz erhalten wir unsere Freiheit. Jeder, der von Gott gerufen ist, darf in prophetischer Weise die Welt aus Gottes Sichtweise betrachten – und zwar vernünftig,

logisch und durch die modernste Naturwissenschaft gestützt („*verachtet prophetische Rede nicht*“ 1 Thess 5, 20). Die Wahrheit des ganz anderen Gottes, Schöpfers der Welt, und seines Rufes an alle Menschen ist gegen das „Gleich-Gültige“ gerichtet, das innerweltlich bleiben muss, weil der Markt nicht transzendent ist. Die existenziellen Themen, die jeden Menschen beschäftigen, Anerkennung, Glück, Sinn, Geborgenheit, Tod, Leid, Unrecht, muss die Kirche unbeirrt zur Sprache bringen. Nur so kann die Kirche gegen den Pseudokult des „Ewigen Lebens“, verflachtes Pseudo-Glück und die Tabuisierung von Tod, Alter oder Leid vorgehen, damit der Mensch an sich ernst genommen bleibt („*löscht den Geist nicht aus*“ 1 Thess 5, 19).

Als Christen ist uns aufgetragen, Gemeinschaft und liebende Beziehung (mit Gott, mit dem Nächsten, mit uns selbst) zu pflegen und stets höher einzustufen als alle Art von Besitz oder die eigene Eitelkeit. Damit beziehen wir Stellung gegen die Single-Kultur, die nur offene, unbefriedigte Bedürfnisse zurück lässt, an denen sich der Markt auf unsere Kosten bereichern kann. So hat die oft gehörte Klage, die Kirche verbiete Kondome und Pille, zumeist nichts mit den mutmaßlich AIDS-bedrohten, armen, unfreien Menschen Afrikas zu tun; sie wird vielmehr von einer milliardenschweren Industrie lamentiert, die von einer uns vorgegaukelten globalen „Flatrate-Geilheit“ lebt.[152]

Wir sind gehalten, uns unsere wahre Freiheit in Verantwortung und Selbstzucht (Beherrschung, Verzicht üben, Mäßigung) bewusst zu machen und alle anderen Freiheiten als Illusion aufzudecken. So beherrschen wir den Markt und er nicht uns; so ist der Markt wieder für den Menschen da und nicht der Mensch für den Markt.

5.1.3. Sein vor Gott statt Aktivismus

Wir Menschen neigen dazu, das Heilswirken der Kirche auf unser eigenes Tun zurückzuführen. Doch die Welt ist voll von „kosmischen Rettergestalten“, die nicht merken, wie sie mit ihren eigenen Maßstäben die Freiheit anderer eindämmen oder diese gar als „die Bösen“ brandmarken und bekämpfen. Darin besteht nach der Erzählung von Adam und Eva die Ursünde des Menschen.

Heute bemerke ich die Tendenz, die von Benedikt XVI. propagierte Neuevangelisierung durch die Vermehrung von Aktionen hin zu einem regelrechten Aktionismus ins Werk setzen zu wollen – bei den rasch wachsenden charismatischen Bewegungen wie auch in den „normalen“ Pfarreien. Im Angesicht des Alltags aber, der sich aufgrund der Parusieverzögerung[153] wohl noch einige Jahrhunderte hinziehen dürfte, halten solche Strohfeuer nicht lange vor – das war schon in der Zeit nach Paulus so. Beim Glauben geht es ja um die eigene Lebensgestaltung in Gemeinschaft mit Gott und nicht um eigene Leistung oder eigenes Machen – so verlockend das auch immer wieder sein mag: *Ich* habe dazu beigetragen, dass die Kirchen wieder voller werden. Ich möchte das Beispiel eines Jugendlichen anführen, der sich am 27.12.2008 vor die Münchner U-Bahn warf. Er war ins Pfarrleben integriert und engagierte sich sozial – aber im Innersten war er wohl vom wahren Glauben nicht berührt, dass er in seinem Leben keinen Sinn mehr sah. In ähnlicher Weise teilte mir ein Vater während einer Sprechstunde mit, er sei früher einmal in der Jugendarbeit seiner Pfarrei sehr engagiert gewesen, sei aber später „*aus Enttäuschung über die Kirche*“ ausgetreten. Die Gefahr des Aktivismus besteht darin, in einer reinen

Äußerlichkeit zu verharren, die aber unser eigentliches Ziel, ein Zu-Sich-Kommen beziehungsweise ein Vor-Gott-Sein eher behindert, weil man wieder mal beschäftigt wird. Auch bei Schulbüchern hat man im Aufbau von Kapiteln über die Kirche häufig den Eindruck, es gehe vor allen Dingen darum, in welchen Bereichen die Schüler aktiv werden können. Es ist ein Irrglaube zu meinen, man könne Glaube selber „machen".

Der Sinn des Glaubens ist und bleibt aber zuerst einmal das *Sein vor Gott*, das *mit Gott in Beziehung* stehen. Auch Liturgie ist Sein vor Gott[154] (und sich selbst). „*Der wirkliche Kult [das wahre Opfer] ist der lebendige Mensch, der ganz Antwort auf Gott geworden ist.*"[155] Und „*Kirche ist [...] nicht dort, wo organisiert, reformiert, regiert wird, sondern in denen, die einfach glauben und in ihr das Geschenk des Glaubens empfangen, das ihnen zum Leben wird.*"[156] Tätige Teilhabe am Gottesdienst ist entsprechend *innere* Teilnahme und nicht noch mehr *action* in der Kirche. Das spürt auch die Mehrheit meiner befragten Schüler: 36,46 % jener, die ihn als zu langweilig empfinden, stehen 44,13 % gegenüber, die den Gottesdienst so gut finden, wie er ist und immerhin 6,88 %, die sich mehr Stille wünschen.

Verweisen wir in diesem Zusammenhang nochmals auf das Wort des Ökumenischen Patriarchen Athenagoras I. Glaube und Beziehung zu Gott kann nur dort gelingen, wo Gottes Geist auch Raum gelassen wird. Sonst verflüchtigt sich der Glaube im Vergangenen oder im Text der Bibel, trägt aber das eigene Leben nicht mehr. Und wenn man in einer solchen Beziehung zu Gott steht, erfolgt aktives Handeln im Sinne der Nächstenliebe ganz von allein. Denn das Wort Gottes, dem man folgt, ist immer eines, das Handlung nach sich zieht (vgl. Jes 55, 9-11).

5.1.4. Heiligkeit statt Profanität

Wir müssen es uns wiederholt hinter die Ohren schreiben, dass die Kirche über die Welt hinausragt, also transzendent ist. Nur so wird klar, dass das Verderben und Gedeihen der Kirche nicht in erster Linie an ihren Mitarbeitern hängt. So wichtig eine gute Predigt für die Pflege der eigenen Spiritualität sein mag – einer der größten Prediger, Johannes „Goldmund" Chrysostomus ist ja gar heilig gesprochen worden und die Jesuiten betrieben im 16./17. Jahrhundert durch ihre Predigten mit Erfolg die katholische Erneuerung – so hängt der Gottesdienst doch vor allem am Sein vor Gott, nicht an der Leistung seiner Zelebranten, des Chores oder des Organisten. Das unterscheidet Liturgie wesentlich von Vorträgen, Talkshows, Theater-, Film- und Sportinszenierungen oder Konzerten. Aber exakt das ist der Grund, weshalb die an sich „langweiligen" Gottesdienste bis heute immer noch mehr Menschen am Wochenende auf die Beine bringen, als beispielsweise die Bundesliga.[157]

In den schlichten Riten und Texten der Liturgie und allgemein in allen religiösen Handlungen scheint auf, was zu viel Sorge um rationale Erfassung oder ein *horror vacui* allzu leicht zudecken können: die Heiligkeit.[158] Heilig im Vollsinn ist nur Gott. Heiligkeit bezeichnet dementsprechend die Andersartigkeit Gottes zur Welt.[159] Wollen wir Menschen heilig werden oder etwas heiligen, so nehmen wir es aus dem Normalen, Profanen der Welt heraus und stellen es in die Andersartigkeit Gottes jenseits der Welt. Das ist keine Zauberei. So etwas tun schon die Kinder, wenn sie mit profanen Dingen, wie einem Kuscheltier Beziehung aufnehmen und so handelt jeder, der im Portemonnaie ein

Bild seiner Familie aufbewahrt. Als Beziehungswesen suchen wir stets den Blick über den eigenen Tellerrand auf einen Anderen hin. Diese ganz natürliche Transzendenz ist kein menschlicher Wahn, sondern von der göttlichen Person so gewollt/verursacht.

Am Ende des Fronleichnamgottesdienstes 2010 in Punat auf der kroatischen Insel Krk segnete der Priester die Gemeinde mit der Monstranz. Er tat das ohne geheimnisvolles Glockenklingeln, ohne mystische Musik, einfach in die Stille hinein. In dieser Situation wurde Heiligkeit spürbar; erhabene, stille, jedem Menschen ganz nahe kommende Heiligkeit. Wir fühlten uns in die Sphäre Gottes mitgenommen und der Alltagswelt entrückt. Dies wiederum möge nicht mit dem Vorwurf Lenins verwechselt werden. Es geht bei der Heiligkeit nicht um eine Art Opium, mit dem das Volk angesichts seiner Nöte betäubt werden soll. Es ist auch nicht so, wie es Feuerbach unterstellte, dass der große Gott den Menschen angesichts seiner Heiligkeit niederdrückt. Vielmehr erhebt Gott den Menschen und stellt ihn auf ein königliches Podest; oder, wie Hermann Thielicke es ausdrückte: *„Gott liebt uns nicht, weil wir so wertvoll wären, sondern es ist umgekehrt: Wir sind so wertvoll, weil Gott uns liebt.“*[160] Heiligkeit ist folglich keine moralische Tadellosigkeit und Frömmigkeit – so mancher Heilige, wie etwa P. Rupert Mayer, war so gar nicht einfältig-fromm, er fühlte sich der Sphäre Gottes zugehörig und sah aus der göttlichen Perspektive heraus, wozu die Menschen von den Nationalsozialisten verführt wurden. Dieses enge Verhältnis zu Gott mag zu einer frommen Lebensweise führen, weil es das Engagement *für* die Welt, um sie zu heilen, zutiefst mit einschließt.[161] Das Erleben oder Erahnen der Heiligkeit, des Göttlichen im Hier und Jetzt der Messe unterscheidet den Gottesdienst von all den professionellen Events und hebt ihn in eine *Bedeutungsebene*, die *menschliche Lebensrealität*; eben dieses Sein-Dürfen vor Gott. Das Bedürfnis danach trägt jeder Mensch in sich. Was der säkularen, rationalen, *wissenschaftlichen Weltsicht* fehlt, ist diese menschliche Lebensrealität und die darin enthaltene Sinnfrage – im Theater dann die Bedeutungsebene. Wir müssen einfach zur Kenntnis nehmen, dass die wissenschaftliche Weltsicht (im Theater die *Handlungsebene*)[162] trotz der Illusion unseres *naturwissenschaftlichen Generalschlüssels* mit der menschlichen Lebensrealität nicht identisch ist, nie identisch war und auch nie identisch sein wird. Unser eigentliches Leben ist bestimmt von Beziehung, von einem Übersteigen der eigenen Existenz und einem reichhaltigen, bildhaften Vokabular voller Symbolik: jeder weiß, was gemeint ist, wenn einem „das Herz bricht". Niemand wird bei diesem Befund wegen akuter Lebensgefahr durch „Herzbruch" den Notarzt rufen. Oder viele führen Bilder von Verwandten oder Bekannten mit sich. Keiner würde sie einfach zerreißen und wegwerfen, weil sie doch nur bedrucktes Papier sind. Kein Mensch kann sich dem Erstaunen und Erschrecken einer Sonnenfinsternis entziehen, obwohl doch nur der Mondschatten über die Erde streicht. Wir sprechen von Sonnenaufgang und -untergang, obwohl sich doch die Erde zur für uns feststehenden Sonne hin- oder von ihr wegdreht. An diesem einfachen Beispiel sieht man schon, dass unsere erlebte Wahrnehmung der Welt eine ganz andere ist, als die tatsächlichen, naturwissenschaftlichen Gegebenheiten. Daran ist nichts Schlimmes. Seit Jahrmillionen finden wir uns trotzdem sehr gut in unserer Welt zurecht. Wir sollten uns davor hüten, aufgrund der naturwissenschaftlichen Einsichten un-

sere erlebte Lebensrealität abzuwerten. Sie bleibt für uns auch weiterhin die entscheidende Wahrnehmungsebene.
Wir haben nun Verantwortung dafür, diese Heiligkeit Gottes, durch die unsere Existenz dem Profanen enthoben wird und die wir nicht erzeugen können, im Gottesdienst durchscheinen zu lassen. Denn der Geist Gottes wird sich nicht mit dramatischer Theatralik Bahn brechen, wo wir ihn ausblenden. Im Gegenteil erfordert es von uns allen – auch von den Priestern – Demut und Zurücknahme, damit Er durch uns wirken kann. Denn alles Profane kann Teil der Heiligkeit werden, wenn es in Gottes Dienst gestellt wird. Alles Heilige kann allerdings auch jederzeit profanisiert werden, wenn wir es entsprechend instrumentalisieren und der Heiligkeit entkleiden.[163]
Papst Benedikt XVI. hatte während einer Vigil mit Jugendlichen auf dem Freiburger Messegelände am 24.09.2011 deutlich herausgehoben, dass wir Christen unsere Heiligkeit nicht selbst erzeugen müssen.[164] Wir sind herausgehoben, nicht weil wir bessere Menschen wären, sondern weil Er uns ruft und liebt und uns ohne Vorleistungen gratis an *seiner* Heiligkeit teilhaben lässt.[165] Dieses Wissen um die menschliche Begrenztheit und Gottes Zusage an Hilfe und Liebe ist es, das die Kirche zusammen mit dem Volk Israel seit fast 3000 Jahren durch alle kleinen und großen Widrigkeiten des Lebens trägt.

5.1.5. Glanz der Liturgie

„Jesus ja – Kirche nein!“, dieser Satz ist heute nach wie vor oft zu hören – zuletzt indirekt durch Franz' Alts Privatoffenbarung, was Jesus angeblich wirklich gesagt habe: etliche Kinder und Jugendliche akzeptieren Jesus als einen großen Lehrer, als eine herausragende Persönlichkeit

und sogar als ein Vorbild – vielleicht sogar als Gottessohn –, die Notwendigkeit, sich folglich als Teil der Kirche zu fühlen und deshalb innerhalb der feiernden Gemeinde regelmäßig den Gottesdienst zu besuchen, ergibt sich für sie daraus aber nicht.

In der Regel begründe ich diese Notwendigkeit meinen Schülern gegenüber mit dem bereits erwähnten Vergleich des Betriebssystems. Es ist für sie eine Selbstverständlichkeit, dass das Betriebssystem ihres Computers oder Smartphones regelmäßig upgedatet wird. Den Gottesdienstbesuch verstehe ich gewissermaßen als das regelmäßige „Update" des eigenen Glaubenslebens: Hierher kommen wir mit den täglichen Sorgen und Nöten, hier hören wir die Erzählungen der Bibel, hier reflektieren wir, wie sich die Botschaft Jesu in unserem eigenen Alltag realisieren lässt. Schließlich haben wir Teil an der Eucharistie und erleben so handgreiflich Gemeinschaft mit Gott – und finden während der Messe auch Zeit, über uns selbst nachzudenken. Wir tun das im Rahmen der *menschlichen Lebensrealität*, unserer *Bedeutungsebene*. Denn nur so kann der Gottesdienstbesuch zu einem erfolgreichen „Update" werden. Darin vollzieht sich ganz und gar die Forderung des Zweiten Vatikanischen Konzils: die Laien sollen aktiv in die Messfeier eingebunden sein:[166] sie sollen nicht – wohlmöglich Rosenkranz-betend – abseits sitzen, während der Priester mit seinen Ministranten eine Stille Messe feiert. Aufmerksam sollen sie zusammen mit dem Priester die Messe zelebrieren. Das bedeutet aber eben nicht, dass möglichst jeder in Aktion sein muss. Wenn alle Beteiligten beschäftigt werden müssen, wird der heilige Gottesdienst zum profanen Event. Zwei Beispiele: In manchen Pfarreien singt der Kirchenchor extrem selten – auch weil deren

Pfarrer der Meinung sind, die Gläubigen sollten möglichst jedes Lied mitsingen, anstatt zuzuhören. Mit dem gleichen Argument wurden in den Siebzigern auch viele Kirchen ihrer Kunstwerke beraubt und kahl geräumt, damit die Gläubigen „nicht vom Eigentlichen abgelenkt" würden. Und: Eine Kollegin sagte, während wir einen Schulgottesdienst vorbereiteten: *„Wenn die Schüler nichts machen dürfen, kommen sie nicht."* Beide Male wird die Messe meiner Meinung nach als Event betrachtet. Die Möglichkeit der „passiven Teilnahme" im Hören und Denken wird unterbunden, die Bedeutungsebene der menschlichen Lebensrealität des Gottesdienstes nicht mehr wahrgenommen. Es fehlt das Moment, das Manfred Lütz treffend so formuliert: *völlig zweckloses aber sinnvolles Sein vor Gott.*[167] Schon aus der Sicht des Paulus orientieren Christen ihr Leben nicht an Gesetzen oder religiösen Regeln, sondern sie leben aus dem Eins-Sein mit Christus.[168]

In diesem Zusammenhang soll hervorgehoben werden, welche Rolle für uns das Life-Erlebnis hat – auch wenn wir „nur passiv" am Gottesdienst teilnehmen. Ich konnte das im Münchner Dom im Juli 2015 beobachten: Während des Gottesdienstes wurden Kinder neu in den Domchor aufgenommen. Obwohl ein Junge im Seitenschiff die Zeremonie bequem auf einem Bildschirm hätte verfolgen können, kletterte er lieber zu einer Säule hin und lugte zwischen den Leuten durch, um das Geschehen real zu verfolgen. Das sollte uns zu denken geben, wenn wir neuerdings meinen, alles aufs Handy/i-Pad aufnehmen zu müssen und dabei das eigentliche Erlebnis versäumen.

Georg Kirchmeir, bis 2011 Pfarrer der Wieskirche bei Steingaden, sagte in einem Interview: *"im [barocken] Kir-*

chenraum [der Wies] soll die Seele zum Schwingen kommen."[169] Oder anders formuliert: Während eines Beitrags der *Tagesthemen* vom 22. März 2013 über eine katholische Gemeinde in Ghana sagte Pater Joseph: „*Wenn sie [vom Gottesdienst] gehen, sollen sie sagen: ‚Es hat gut getan.'*" Das heißt, in der Liturgie (beziehungsweise im festlichen Kirchenraum) soll eine Vertrautheit mit der menschlichen Welt[170] und eine erhobene, lebendige Beziehung zu Gott erlebbar werden. Gerade trotz aller berechtigten Sorge um das Wort, um die Vernunft im Gottesdienst, darf der Aspekt des Emotionalen, Sinn-vollen, des leiblichen Seins vor Gott in der Liturgie nicht vernachlässigt werden. Das macht für meine Begriffe den Glanz der Liturgie ganz wesentlich aus: dieses Erahnen von Gottes Herrlichkeit im festlichen Raum bei feierlicher, erhebender Musik, mit schönen Gewändern, Prozessionen, duftendem Weihrauch, Kerzen und würdevoller, einfacher – nicht verkitscht-sentimentaler – Feier der Gegenwart Gottes unter uns. Das wurde etwa bei der orthodoxen Vesper während des 2. ökumenischen Kirchentages am 14. Mai 2010 in München spürbar – abgesehen von dem an Nüchternheit nicht überbietbaren, gesprochenen Halleluja am Ende des Psalms 103.[171]

Diesen Zustand herzustellen, ist gar nicht so schwer. Benedikt XVI. brauchte dafür zu Beginn des Gottesdienstes in München-Riem 2006 nur einen Satz. Die Kunst besteht einfach darin, sich als Zelebrant zurückzunehmen, um Gott durch sich wirken zu lassen. Mir wurde das 2010 während eines Gottesdienstes erschreckend bewusst: Die Erstkommunionskinder der Gemeinde versammelten sich um den Altar und der Pfarrer übergab ihnen ein Blatt mit dem Vater unser. Diese Sakramentalie hätte still mit feierlicher Orgelmusik oder einem Gesang als Untermalung vollzogen werden können, um den Kindern Gottes Wirken und Nähe erlebbar zu machen. So ähnlich hätten es beispielsweise die byzantinischen Mönche der Abtei Niederaltaich gemacht. Hier aber schwieg die Orgel. Der Pfarrer sprach möglichst laut und ließ sich dann sogar noch ein Mikrophon geben, so dass die Gemeinde auch noch jede seiner privaten Bemerkungen an die Kinder mithören konnte. Im Mittelpunkt dieser Zeremonie stand nicht Gott, nicht die Beziehung zwischen Gott und den Kindern; nicht einmal das Vater unser, sondern ein Priester, der sich selbst inszenierte. Das ist nicht Liturgie, das ist Event.

Noch eine letzte Bemerkung dazu: Viele Geistliche scheuen Kleinkinder im Gottesdienst und gestalten ein Sonderprogramm oder halten sie als unerwünschte Personen heraus – mit Recht! Denn Babys sind konzentriert dabei, wenn erhabene Heiligkeit zelebriert wird. Wenn der Pfarrer oder andere Personen aber zu lange reden, krähen und schreien sie unbarmherzig los. Erwachsene tun das nicht. Sie schweigen und schweifen in ihren Gedanken ab. Zuletzt redet dann der Zelebrant nur noch für sich. Um das zu vermeiden, sollte also eigentlich jeder Geistliche froh sein, wenn er Kleinkinder als Indikatoren für Heiligkeit, Profanität und Selbstinszenierung im Gottesdienst hat.

Wie im Münchner Merkur am 19.12.2016 zu lesen war, werden laut mehrerer Umfragen etwa 52 % der Befragten dieses Jahr keinen Weihnachtsgottesdienst besuchen. Es ist natürlich aus dieser Meldung nicht ersichtlich, ob die befragten Personen alle Christen sind oder nicht.[172] Festzuhalten bleibt, dass der Weihnachtsgottesdienst zu jenen kirchlichen Festen gehört, der von den meisten Menschen in Deutschland besucht werden. Gerade hier sollte also besonderer Wert darauf gelegt werden, den Besuchern, wenn sie sich schon einmal blicken lassen, eine spirituelle, auch emotionale Begegnung mit Gott im oben umrissenen Sinn zu ermöglichen.

Exkurs: Drei liturgische Gebete und was sie bedeuten

An dieser Stelle wollen wir uns drei Gebete aus dem Gottesdienst kurz näher betrachten, um ihren Wert auch für den Glanz der Liturgie zu bestimmen.

Kyrie eleison

Das Kyrie entstammt dem kaiserlich-römischen Hofzeremoniell. Wenn der Kaiser den Saal betrat, durften ihm die Anwesenden Bitten vortragen oder Bittschriften überreichen. Sie taten es mit der Bemerkung „Herr, erbarme dich“ und hofften auf das Wohlwollen „Seiner Gnaden“. Nach der Besinnung der anwesenden Gemeinde auf ihre Sünden und Schuld im gemeinsam gesprochenen Schuldbekenntnis, durch das sich die Christen im Gebet „vernetzen“, tritt nun also der Herr Jesus Christus in die Mitte der Gemeinde, um mit ihr Gottesdienst zu feiern. Während eines Familiengottesdienstes ließ ich einen Ministranten mit einer brennenden Jesus-Kerze durch den Kirchenraum zum Altar schreiten, während ich mit der Gemeinde das Kyrie sang. Das war sehr beeindruckend.
Wir erkennen, dass das Kyrie als feierliche Begrüßung Jesu in unserer Mitte genauso wenig wie das Halleluja gesprochen, sondern am besten gesungen werden sollte.

Ich bin nicht würdig…

Das Gebet, „*Herr, ich bin nicht würdig, dass du eingehst unter mein Dach, aber sprich nur ein Wort, so wird meine Seele gesund*“,

hat seine Wurzel in Mt 8,5-13. Dort ist es ein römischer Hauptmann, der Jesus um die Heilung seines kranken Knechts bittet. Der Römer ist sich bewusst, dass ein Jude das Haus eines unreinen Heiden nicht betritt. Das räumt er ein, wenn er sagte, nicht würdig zu sein. Da er aber selbst viele Untergebene hat, von denen er weiß, dass sie seine Befehle verlässlich befolgen, traut er es Jesus zu, auch aus der Ferne über die Krankheit des Dieners zu gebieten. Dieses Vertrauen beeindruckt Jesus und es wird uns zum Vorbild, wenn wir ebenso beten.
Der Begriff „Seele" wird durch das griechische Verständnis einer unsterblichen Seele in einem sterblichen Körper häufig missverstanden. Das hebräische Wort *näfäsch* bezeichnet aber auch die Kehle.[173] Das ist jene Körperpartie, durch die alles geht, was wir zum Leben brauchen: Luft und Nahrung. Außerdem formt sie die Laute unserer Sprache. So ist sie Symbol der Lebendigkeit. Was haben wir darunter zu verstehen? Blickt man auf menschliches Gewebe durch ein Ultraschallgerät, so ist dort alles in Bewegung; man sieht das Blut zirkulieren, die Muskeln zittern und überhaupt ist alles in Bewegung. Das liegt nicht an einer Unschärfe des Geräts. Denn bei einem toten Stück Fleisch bewegt sich im Ultraschall nichts. Das also ist es, was uns im biblischen Sinne ausmacht: wir sind keine Seelen in körperlichen Hüllen, sondern wir sind lebendige Körper. Man könnte das Gebet darum auch so formulieren: „sprich nur ein Wort, so wird *mein Leben* gesund."
Dieses Gebet, das von der Gemeinde gesprochen wird, möge als Beispiel dafür stehen, wie die Gottesdienstbesucher würdevoll und angemessen an der Feier aktiv teilnehmen – ob sie den Inhalt bewusst sprechen, bleibt natürlich ihnen überlassen.

Vater unser

Seine Jünger fragen Jesus: Herr, lehre uns beten. Durch das Vater unser gibt Jesus ihnen eine eigene Gebetsregelung. Dies war damals durchaus üblich und verschaffte der Gruppe eine gewisse Eigenständigkeit.[174] Aber fragen wir danach, was denn die einzelnen Bitten beinhalten. Was erbitten wir eigentlich von Gott, wenn wir das Vater unser beten?

Vater unser im Himmel, geheiligt werde dein Name: Es sollte uns in unseren Betrachtungen deutlich geworden sein, welche Ungeheuerlichkeit es ist, wenn wir kleinen, unbedeutenden Geschöpfe Gott den Ganz Anderen „Vater", ja wörtlich „Papi" nennen dürfen. Wir sind nicht länger Sklaven oder Diener, sondern Kinder Gottes und mit seiner unveräußerlichen Würde bekleidet. Er hat uns zu sich erhoben und mit ihm ist jeder Mensch groß. „Himmel" ist nicht das Firmament, es ist der Ort der Anwesenheit Gottes, der sich beispielsweise in den Ikonen durch die goldene Farbe Gottes ausdrückt. Sein Name, seine Person, die mit uns in Beziehung steht, soll heilig sein, erhoben über das Profane der Welt.

Dein Reich komme, dein Wille geschehe wie im Himmel so auf Erden: Worum wir hier bitten? Um eine Theokratie, einen Gottesstaat im besten Sinne. Dieser Begriff ist durch die perversen Verdrehungen einiger Machtbesessener Politiker leider sehr verzerrt worden. Aber um einen Gottesstaat bitten wir tatsächlich. Gott möge der Herrscher auf der Welt sein und kein anderer. Und wir wollen uns bemühen, so zu handeln, wie es seinem Willen entspricht. Nach allem, was wir bisher gesagt haben, muss sich vor dieser Art Gottesstaat niemand fürchten. Denn Gott ist die Liebe. Nicht Waffen, Gewalt und Grausamkeit herrschen in seinem solchen Staat, sondern Friede, Gerechtigkeit, Demut und Liebe. Und diese Bitte schließt mit ein, dass wir uns selbst zurücknehmen, um uns in den Dienst der Sache Gottes zu stellen – in dem Bewusstsein, dass eben niemand unfehlbar ist und der Papst nur in einer ganz eng begrenzten Funktion.

Gib uns täglich unser Brot: Manche verstehen dies als Bitte um die Gemeinschaft mit Jesus in der Eucharistie. Das ist sicher richtig. Aber wir können darunter auch das verstehen, was wir zum würdevollen Leben in Liebe brauchen, so wie es Jesus etwa in der Bergpredigt umreißt: „*Sorgt euch nicht um das Leben [...] Euer himmlischer Vater weiß, dass ihr das alles braucht...*" (Mt 6,19-34). Das ist zugleich eine Absage an die Überflussgesellschaft mit ihren Bedürfniserweckungs-Verführungen, die die Welt heute zunehmend im Würgegriff hält.

Und vergib uns unsere Schuld, wie auch wir vergeben unseren Schuldigern: Heutzutage muss man Atheist sein, um die Qualität zu erkennen, die hinter dieser Bitte steht.[175] Gott sagt uns Sündenvergebung zu. Wir müssen unsere aufgehäufte Schuld in Form eines Karma nicht mühevoll in Millionen von Wiedergeburten abarbeiten wie die Hindus oder Buddhisten. In der Beichte tilgt Gott dem reuigen Sünder seine Schuld umfassend und vollständig. Und noch mehr: *wir selbst* haben die Vollmacht erhalten, anderen ihre Schuld vergeben zu können – und zwar genauso umfänglich. Im Sinne der Nächstenliebe sollten wir regen Gebrauch davon machen.

Führe uns nicht in Versuchung, sondern erlöse uns von dem Bösen: Wiederholt gab es kontroverse Diskussionen darüber, ob die deutsche Übersetzung stimme, da doch der Liebe Gott kein Versucher sei. Dem ist entgegenzuhalten, dass die übliche Übersetzung dem griechischen Urtext bei Mt 6,13 und Lk 11,4 wörtlich entspricht.[176] Gott wurde durchaus immer wieder auch als einer erfahren, der die Menschen und das, wonach sie ihr Leben ausrichten, prüft, so wie er Abraham oder Jiob auf die Probe stellte. Da wir uns bewusst sind, dass wir nicht die Glaubensstärke dieser Heiligen haben, bitten wir Gott, uns nicht so zu prüfen.

Das ist die eine Seite. Die andere wird uns bewusst gemacht, wenn wir die Wurzel des deutschen Begriffs *Versuchung* näher in Augenschein nehmen: er kommt von *suchen* und wurzelt im indogermanischen *sag-* = wittern, nachspüren. Wir neigen dazu, alles, auch Gott, erkennen, beschreiben und letztlich beherrschen zu wollen. Doch Gott bewahre, dass wir ihm nachspüren! Wir würden Gott definieren und auf eine Vorstellung von uns einengen. Er ist aber der *Ganz Andere*, den wir liebend nehmen sollen, wie er ist. In dieser Bitte geht es also auch darum, mit den Füßen auf dem Boden und in seinem Willen zu bleiben. Denn sonst besteht die Gefahr, dass wir doch wieder tun, was *wir* für das Beste halten und Böses daraus entsteht.

Im Gottesdienst beten wir das Vater unser quasi als Tischgebet vor der Kommunion. Von Absicht und In-halt her bildet es neben dem Evangelium und der Eucharistie einen weiteren Höhepunkt.

5.1.6. Ausbildung und Vertiefung der eigenen Spiritualität

Die Auseinandersetzung mit dem Glauben, in der Liturgie oder einfach nur in der Lebenspraxis sind die Mittel, um die eigene Spiritualität zu fördern und zu pflegen. Das ist wichtig, denn jede Beziehung unseres Lebens will und muss gepflegt werden. Benedikt XVI. schreibt in Bezug auf die Liebe in seiner Enzyklika *Deus Caritas Est*: Der Mensch muss „gereinigt“ werden. Das müssen wir uns vorstellen wie ein Musiker, der seine Musikalität durch Üben „reinigt“, trainiert.[177]

Diese Art von „Herzensbildung“, die Erziehung zur Innerlichkeit, das Hören-Lernen auf seine Umwelt und sich selbst, auf die eigenen Gefühle und den gesunden Menschenverstand, das aufmerksame Sehen-Lernen, was einen umgibt – also all das, was die alten Griechen *Muße* nannten und kultivierten[178] (und von dessen griechischen Begriff *scholia* sich unser Wort „Schule“ ableitet), ist eine wesentliche Voraussetzung für die Glaubensfähigkeit.

Die Teilnahme am Leben der Kirche prägt die eigene Spiritualität in erster Linie. Das ist es, was uns vom „Sommerfest der Volksmusik“ wesentlich unterscheidet: Authentizität. Es geht nicht um sentimentale Events im „Happy-Halleluja-Stil“, sondern um die tätige Teilnahme; um die innere Überzeugung, auf diese Weise sein Leben zu gestalten.

Heute hören wir immer wieder, die Kirche solle eine *betende Kirche* werden.[179] Das ist vollkommen richtig, denn eine Beziehung zu Gott kann nur pflegen, der mit Gott auch im Dialog steht – nichts anderes will Gebet sein. Die gegenwärtige Gebetskultur wird vor allem durch Gruppierungen der charismatischen Erneuerung getragen. Aus eigener Anschauung sehe ich diese Bewegungen gefährdet, angesichts der menschlichen Sünde zu Sammelbekken menschlicher Eitelkeiten im Sinne jener Pharisäer zu werden, die Jesus einst ins Gebet nahm. Wie wir oben bemerkt hatten, stehen wir Menschen immer in der Gefahr zu glauben, wir könnten unsere eigenen Werke der Frömmigkeit als Leistungen, als Verdienste Gott gegenüber einbringen. Bei aller Berechtigung des Gebets müssen wir uns also selbst aufmerksam beobachten, damit wir demütige Kinder Gottes bleiben und uns nicht selbstgefällig über „weniger Fromme" erheben.

Unter dem Strich gehören zur Herausbildung und Pflege einer eigenen Spiritualität: Der Aufbau und die Pflege eines Glaubenswissens, eine Demut, die Gott den Vorrang vor dem eigenen Ego belässt und die Kompetenz, mit Jesus in Beziehung treten zu können. Das hört sich jetzt kompliziert an, ist es aber gar nicht. So wie unsere PCs immer wieder Updates installieren, wenn wir online gehen, bedarf auch das eigene „Betriebssystem Glaube" regelmäßiger „Updates", im Gottesdienst, im Gebet, im staunenden Wahrnehmen der Schöpfung und unserer Mitmenschen und in der Begegnung mit dem Herrn Jesus Christus. Dafür müssen einfach wir unsere Sinne offen und unseren Verstand wach halten.

Seit der Liturgiereform in den 1970er Jahren hat sich die katholische Geistlichkeit hier in Bayern stark einer rein verstandesmäßigen Gottesdienstgestaltung verpflichtet. Auf der Strecke bleibt seither das Gefühl. Wir Menschen sind aber von Gott gewollte Sinneswesen, die nicht nur aus Gehirn und Verstand, bestehen. Seit Anbeginn hat die Kirche (heute noch die orthodoxen Kirchen und die römisch-katholische Kirche) in ihrer Liturgie das Heilige sinnenhaft erschlossen. So haben wir auch die Sakramente zu verstehen: sie wollen das Wirken Gottes an uns sinnlich erlebbar machen. Und dazu gehört entsprechend eine weitere Seite uralter katholischer Lebensart. Es ist kein Zufall, dass seit jeher neben der Kirche auch das Wirtshaus zu finden ist. Die Begegnung mit Gott wäre unvollständig ohne die Begegnung mit den Mitmenschen. Schon im jüdischen Sabbat ist dies angelegt: Neben dem Synagogengottesdienst ist der Besuch von Freunden geradezu geboten. Beziehungen, das soziale Netz, die „Person" die über die eigene Haut hinausreicht, wollen gepflegt werden. Diese drei Dimensionen gehören untrennbar zusammen und müssen die eigene Spiritualität prägen: Begegnung mit Gott im Gottesdienst und Gebet, mit dem Nächsten in sozialen Kontakten, (so)wie mit sich selbst in Muße, kritischer Reflexion, Exerzitien und Gebet.

5.1.7. Zeugnisse der Liebe

Heute ist es üblich geworden, sein Innerstes öffentlich bekannt zu machen; sei es in Talkshows oder im Internet – oft mit nicht absehbaren Folgen. Gerade in den aufstrebenden charismatischen Bewegungen ist von „Zeugnissen" die Rede. Gläubige „geben Zeugnis" – reden darüber – wie sie ihren Glauben erleben. Auch zwischen den Beiträgen von christlichen Radiosendern hört man solche „Zeugnisse" oft – denen dann postwendend ein Spendenaufruf für den Sender selbst folgt.
Der biblisch-christliche Glaube als Lebensgrundhaltung ist auf Liebe ausgerichtet – darauf, Gott, jeden Mitmenschen und sich selbst wohlwollend und respektvoll so anzunehmen, wie sie sind. Wer wirklich glaubt, der liebt. „Zeugnisse der Liebe" sind folglich nicht im exhibitionistischen Sinne eines Talk zu verstehen. Es geht nicht darum, sich vor einem Publikum zu outen. Wer es tut, ist ja schon wieder im Fahrwasser der Pharisäer, die sich nach außen mit ihrer Frömmigkeit (im Sinne einer Leistung) brüsten wollen – es geht schon wieder ums „machen", um die eigenen Verdienste. Der Glaube hat ein anderes Ziel, als der heute allumfassenden „Inflation der Worte"

einen weiteren Schwall hinzuzufügen. Wer die Bibel aufmerksam liest, der erkennt: das Wort Gottes, dieser von Jesus ausgesäte Same der Liebe, ist nicht warme Luft; dieses Wort zieht immer ein Handeln nach sich (vgl. oben Jes 55, 10).

Ein Wesentliches, das den Glauben also ausmacht, ist das Handeln aus dem *Sein vor Gott* heraus als tätige Liebe. Entsprechend ruft uns Kardinal Marx in seinen Konkretionen auch auf, vor Ort die Augen aufzumachen, um die „Wunden vor Ort" zu sehen und diesem Ruf Gottes wie der barmherzige Samariter, entschlossen und ohne Delegation an Andere zu folgen. Denn der Christ weiß sich von Gott geliebt und er weiß seine Mitmenschen gleichermaßen von Gott geliebt. Wenn Menschen in Not sind, steht es für ihn außer Frage, sich für sie einzusetzen, weil auch ihnen Gottes Liebe, Würde und Verheißung gilt. Das muss selbstverständlich sein, ohne Selbstdarstellung.

5.1.8. Tradition und Brauchtum

Tradition und Brauchtum haben heute einen eher negativen Beigeschmack als handle es sich dabei um Rückständiges oder Harmloses. Übersehen wird die psychologische Seite: Gewohnheiten aufgrund von Erfahrungen haben uns zu dem gemacht, was wir heute sind. Das Rad muss nicht jedes Mal neu erfunden werden. Die Pflege christlichen Brauchtums in der Familie sollten wir entsprechend als Hilfe ansehen. Auf dem Land ist es zweifellos noch weitgehend vorhanden: miteinander beten, an den reichen Bräuchen des Kirchenjahres teilnehmen und natürlich regelmäßig mit der Familie den Gottesdienst besuchen. Genauso wie das gemeinsame Mahl in der Familie werden diese Gepflogenheiten auch von den Erwachsenen selbstverständlich geübt – weil sie selbst es so wollen und nicht etwa aus Rücksicht auf die Kinder.[180] Hinter solchen Gewohnheiten verbirgt sich nichts Geringeres als die eigene Identität. Diese Gestaltung des Lebens von der Wiege bis zur Bahre gibt inneren Halt und hierin gründet das eigene Heimatgefühl. Wir können beispielsweise auch Bayern bleiben, wenn wir in China leben – aber nur durch unsere „bayerische" Lebensweise, durch Sprache, Kleidung, Glaube und das zugehörige Brauchtum. Geben wir das auf, ohne uns assimilierenderweise die Gewohnheiten unseres Gastlandes zu eigen zu machen, treiben wir entwurzelt im Mainstream einer globalisierten, uniformierten Welt, orientierungslos; *fort von allen Sonnen, stürzen wir fortwährend, rückwärts, vorwärts, seitwärts, nach allen Seiten*,[181] wie sich Friedrich Nietzsche ausdrückte.

Das Zweite Vatikanum legte darum mit Recht Wert auf die bewusste Entscheidung des Gläubigen.[182] In der Folge wurden Tradition und Brauchtum dann jedoch abgewertet und als Hindernis für diese Entscheidung empfunden. Aber der Glaube, das haben wir nun deutlich zeigen können, ist keine reine Sache des Intellekts. Traditionen sind fest gefügte, emotionale Formen, „Gewohnheiten". Sie erfordern eine stete Pflege, damit der zugrunde liegende Inhalt nicht verloren geht und die Tradition zur unverstandenen, leere Hülse wird. Tradition und Brauchtum sprechen alle Sinne an. Sie gehören elementar zum Menschen. Was das Vatikanum fordert, ist eine bewusste Entscheidung für den Glauben *im Rahmen* einer bewusst gelebten Tradition.

Auch hierin baut uns die Kirche aber eine Brücke: Gerade in der katholischen Kirche spielt die Tradition in genau dem genannten Sinn eine große Rolle. Es geht um das, was „*von allen immer schon geglaubt wurde*" – nicht unbesehen, sondern fortlaufend kritisch hinterfragt und vernünftig begründet. Auch das Festhalten der Kirche am Alten Testament angesichts der radikalen Forderungen Markions im 2. Jahrhundert[183] zeigt das.

In diesem Zusammenhang müssen wir auch danach fragen: Wer soll eigentlich die Kirche leiten? Tradition wird gerade in der katholischen Kirche gerne mit der Hierarchie der Hauptamtlichen verbunden. Und wenn es um die Frage geht, wem denn Macht oder Gewalt in der Kirche zukomme, stehen automatisch der Papst und die Bischöfe im Fokus. Demgegenüber rühmen sich die protestantischen Kirchen ihrer gemeinschaftlichen Verfassung, in der das regelmäßig zusammentretende Kirchenparlament die Entscheidungen fällt und die Landesbischöfe lediglich ausführende Personen sind. Wie wir aber oben bereits in Stein gemeißelt haben, ist die Gemeinschaft der Glaubenden keine Demokratie. Man kann es aus der Psychologie des Menschen erklären, wenn man dazu neigt, sich der Führung eines „starken Mannes" anzuvertrauen – und ich gestehe, auch ich bevorzugte für mich lange Zeit die Monarchie der Demokratie. Gerade in eine Zeit hinein, die dazu tendiert, den Parlamentarismus in Europa autoritären Systemen zu opfern sage ich aber heute entschieden: Die vermeintliche Sicherheit unter der Hand eines Alleinherrschers, egal ob er gewählt wurde oder sein Amt erbte, verkommt allzu rasch zu einer Sklaverei der Unfreiheit und Gewalt. Die biblischen Autoren haben das in der Fabel von den Bäumen (Ri 9, 7-12) drastisch vorexerziert. Die Kirche aber ist weder Demokratie noch Monarchie, sie ist und bleibt (Gott sei Dank!) Theokratie – Gottesherrschaft. Und die vornehmliche Aufgabe aller Christen ist und bleibt es, im Gebet und mit offenen, vorurteilslosen Sinnen den Willen Gottes zu erkennen und dann auch umzusetzen.

Und was wir eben über Tradition und Brauchtum sagten, betrifft noch einen weiteren Punkt im Leben: Was Kinder seit frühester Kindheit eigentlich wollen, ist dazugehören, Verantwortung übernehmen, „groß" sein. Das künstliche „Kind-Ghetto", wie es unsere bürgerliche Gesellschaft geschaffen hat, frustriert sie in ihrem Streben, erwachsen zu werden. Das Verhalten vieler Kinder resultiert heute aus einer Kombination von Überbehüten und Abschieben. Viele Kinder fühlen sich abgehängt, wenn sie keine hundertprozentige Aufmerksamkeit erhalten. Sie haben es nicht gelernt, sich in eine Gemeinschaft einzuordnen. Sie erwarten, dass sich alles ihren (spontanen) Bedürfnissen unterordnet.[184] Gerade aber die Fähigkeit zur Anpassung, zum Verzicht auf eigene Interessen zum Wohl einer Gemeinschaft gehört zu den Tugenden reifer Erwachsener und ist für das soziale Leben unerlässlich.[185] Gleiches gilt für das Glaubensleben und das angemessene Verhalten in der Kirche. Was die Eltern den Kindern nicht von klein auf vermitteln und vorleben, erwerben sie später, wenn überhaupt, nur noch sehr schwer. So war es für mich damals selbstverständlich, dass die ganze Familie Sonntags in die Kirche (und anschließend aufs Grab) ging und wir nahmen mit der gleichen Selbstverständlichkeit am traditionellen kirchlichen Leben teil; beispielsweise auf der Fronleichnamsprozession – als Kleinkind an der Hand der Mutter bei den Schalkfrauen, später zusammen mit den Kommunionkindern. Dazu gehörten auch die Festmesse zum Weihejubiläum unseres Pfarrers, Wallfahrten ins nahe gelegene Birkenstein – privat oder mit der Gemeinde, Besuche der großen Kirchen bei Ausflügen nach München oder Salzburg und vieles mehr. Im Münchner Merkur erzählte Joseph Steindlmüller, der 2009 zum Priester geweiht wurde und seine Pastoralzeit in unserer Pfarrei zubrachte, dass er als Ministrant in seiner Heimatpfarrei auch mehrfach Diakonen- und Priesterweihen miterlebte.[186] Zu glauben, sein Kind „religiös neutral" erziehen zu können, damit es sich im Sinne unserer Gesellschaft später selbst entscheide, führt in die Irre. Was bleibt, ist Orientierungslosigkeit, weil die Verwurzelung in Glaube, Heimat und Identität von Kindheit an fehlt.

Es ist festzuhalten, dass dieses „Erlebnis-Christentum" im Sinne eines Glaubenslebens mit Leib und Seele selbst in der katholischen Kirche aus der Mode kommt. Das Heilige, das Spirituelle und die (mystische) Begegnung damit lassen sich nicht rational in Worten vermitteln. Es muss emotional ganz grundmenschlich gefühlt und erlebt werden.[187] Der gegenwärtigen katholischen Kirche in unserem Lande ist das meiner Einschätzung nach teilweise aus dem Blick geraten. Und weil sie die Menschen in ihrer Erlebniswelt nicht mehr erreicht, wird ihr auch keine Antwort mehr für das eigene Leben zugetraut.

5.2. Glaube weitergeben

5.2.1. Weitergabe des Glaubens im familiären Rahmen

Damit haben wir bereits zur nächsten Frage übergeleitet: Wie steht es mit der *Weitergabe* des Glaubens? Dieser Glaube, der den uns vorangegangenen Menschen so viel

Freiheit, Liebe, Trost und Hoffnung vermittelt hat, ist einer, den man nicht für sich behalten kann – Gottes Ruf gilt ja *allen* Menschen. Es scheint uns darum wert, ihn mit anderen zu teilen; das ist der Grundgedanke von Mission. Auch für die Weitergabe dieses heilsbringenden Glaubens an die Menschen, die uns am meisten am Herzen liegen, unsere Kinder vor allem, gilt: Damit sie diese „Grundhaltung des Lebens", dieses „Betriebssystem der eigenen Existenz" ordentlich „installieren" können, bedarf es des ganz selbstverständlichen Hineinwachsens ins christlich-kirchliche Leben durch das Mitvollziehen der elterlichen Lebenspraxis; sei es durch die Pflege christlichen Brauchtums, das gemeinsame Gebet, den sonntäglichen Gottesdienstbesuch oder das offene Sprechen über Themen des Lebens. Wir haben bereits auf Pater Freyberg verwiesen, der in diesem Zusammenhang in Erinnerung ruft, dass Kinder durch Nachahmen lernen, weil sie „groß" sein wollen. Entsprechend verschmähen sie „Kinderkram" und wollen vor allem annehmen, was auch die Erwachsenen ganz selbstverständlich und aus Überzeugung tun.[188] Wer also diesen Schatz des Glaubens mit all seinen Facetten weitergeben will, muss ihn selbst leben.

Um unseren Kindern das große Geschenk des christlichen Glaubens angemessen vermitteln zu können, müssen wir Eltern keine Fortbildungen besuchen und unsere Kinder auch keinem „christlichen Förderstress" in Form eines kirchlichen Bildungsangebotes oder einer Gruppe aussetzen. Wir haben bereits unsere urmenschliche Denkweise umrissen, wie sie von Kindern noch selbstverständlich geübt wird. Kinder nehmen ihre Umwelt offen und vorbehaltlos hin und sie stellen ihren Eltern Fragen über ihre Welt; ganz gradheraus und schamlos. Zur angemessenen

Beantwortung braucht es keine kompetenten Ratgeber und Förderpädagogen. Was Kinder wollen, ist authentische, ehrliche Antworten der Eltern. Wie „kompetent" diese auch immer sein mögen, sie helfen den Kindern Ängste und Unsicherheiten zu vermeiden,[189] weil diese Äußerungen der Eltern einen eigenen, im Leben bewährten und darum verlässlichen Standpunkt kundtun. Und dabei ist es zunächst einmal belanglos, ob die Antworten wissenschaftlich richtig sind – Gott und die Welt sind ohnehin nicht so einfach erklärbar wie es uns der „naturwissenschaftliche Generalschlüssel" vorgaukelt. Den Kindern reichen folglich elterliche Antworten die ihrem liebenden, gesunden Menschenverstand und ihren Erfahrungen entspringen. Theoretisches aus Ratgebern, vorgebetetes Wissen, hinter dem die Eltern nicht wirklich stehen, vermittelt diese Erfahrungsgewissheit nicht. Und unsere Kinder nehmen es nicht krumm, wenn wir einmal zugeben müssen, etwas nicht zu wissen. Im realen Leben gibt es schließlich auch nicht für alle Probleme treffende und einfache Lösungen. Da haben unsere Kinder bereits sehr früh eine ganz reale Vorstellung vom wirklichen Leben.[190]

Durch unseren „naturwissenschaftlichen Generalschlüssel" haben wir Eltern uns diese Erkenntnis ausreden lassen. Das konnte ich 2012 während einer Katechese zur Erstkommunion beobachten. Da hatten sich einige Mütter wirklich bewundernswert ins Zeug gelegt und eine Glaubensunterweisung entfaltet, die sich sehen lassen konnte (wenngleich sie in aktivistischer Weise leider übers Ziel hinaus schoss). In der Tauferneuerung formulierten sie anstelle des „*Widersagt ihr dem Satan? Und allen seinen Werken? Und allen seinen Verlockungen?*" lapidar: „*Jesus möchte, dass wir Böses vermeiden und Gutes tun. Willst du das versuchen?*"

Nun wissen Drittklässler bereits aus zahlreichen konkreten Erfahrungen in Form von Gewalt, Ungerechtigkeit und Verführungen um die Existenz des Bösen. Sie wird ihnen auch in Darth Vader, Sauron, Lord Volemort oder anderen Bösewichten im Fernsehen oder in Computerspielen tausendfach vor Augen geführt. Anstatt aber diese Realität ernst zu nehmen und den Glauben als echte Alternative entgegenzustellen, wird Jesus, unser Garant für die Herrschaft des Guten, zum Möchtegern degradiert. Man stelle sich vor: In Ihrem Arbeitsvertrag, verehrter Leser, stünde: „*Der Chef möchte, dass Sie interne Betriebsgeheimnisse nicht ausplaudern und Firmengelder nicht unterschlagen. Möchten Sie das versuchen?*" Wir müssen das nicht weiter kommentieren. So etwas ist schlicht indiskutabel. Das anschließende Bekenntnis zum dreifaltigen Gott wurde übrigens mit dem Argument gestrichen, die Dreifaltigkeit verstünden die Kinder ohnehin nicht.

Und noch eine weitere religionspädagogische Katastrophe dieser Art: Während eines Gruppengottesdienstes vor der Erstkommunion sollte den Kindern erlebnisnah das Wesen der Eucharistie auf dem Hintergrund des Letzten Abendmahls gedeutet werden. Dazu war vorgesehen, dass der Pfarrer in Albe und Stola(!) das Abendmahl (als Ereignis vor 2000 Jahren) nachstellte (mit den Einsetzungsworten!) und den Kindern dann Brot und Traubensaft austeilte. Hier wurde in bester Absicht die Grenze zwischen Spiel und Wirklichkeit leichtfertig verwischt. Denn die Kinder bekamen nun (schon) die Kommunion kirchenrechtlich rechtsgültig, weil der Pfarrer äußerlich alle Voraussetzungen erfüllte, um die Gaben in Leib und Blut Christi zu wandeln – und erfuhren dann, das sei alles nur Spiel gewesen. Eine solche Art der Religion geht doch vollkommen an der Ernsthaftigkeit des Lebens sowohl der Kinder als auch der Erwachsenen vorbei. Das ist „Kinderkram“ und für Kinder folglich nicht erstrebenswert. So machen wir diesen großen Schatz des Glaubens für unsere Kinder nachhaltig kaputt. Beide Beispiele bestätigen mich in meiner These, die Krise der Kirche sei vor allen eine Krise ihrer (hauptamtlichen) Mitarbeiter.

Überhaupt unterliegen die redlichen Bemühungen, die Kinder durch „Kindermitmachpredigten“, „Kinderkirchen“, „Kindergottesdienste“ etc. an die Kirche heranzuführen, allzu oft der Gefahr, in Aktionismus und Förderwahn auszuarten. All diese „Angebote“ sollten das eine Ziel haben, die Kinder schließlich in den Gemeindegottesdienst zu integrieren und müssten sich also am Ende überflüssig machen. Oft aber werden sie dazu missbraucht, die Kinder im Gegenteil aus diesem Gottesdienst herauszuhalten, damit der Pfarrer ungestört predigen kann; dazu haben wir uns ja oben schon Gedanken gemacht. Mit all diesen Versuchen, die Kinder im Gottesdienst unter dem hohen Ziel einer Erlebnis-Pädagogik etwas „machen“ zu lassen, verziehen wir sie. Und dann stehen wir plötzlich vor der Situation, die wir oben schon erwähnten: „*Wenn die [Kinder] nichts tun dürfen, kommen sie nicht.*“

Gewiss, es geht beim Glauben ums Erleben. Erleben aber der Gegenwart Gottes und der elterlichen/priesterlichen Glaubenspraxis. Liegt unser Priestermangel vielleicht auch daran, dass immer weniger Kinder heute Priester erleben können, wie es Joseph Steindlmüller ausführte? Kinder sind von ihrer Natur her ja ganz und gar auf „passive Teilnahme“, auf das Aufnehmen, ausgerichtet. Wenn ich daran denke, wie meine Tochter stundenlang konzentriert zuhörte, wenn ich ihr vorlas! Und diese Bereitschaft müs-

sen wir fördern – will sagen: unterstützen, damit sie sich daran gewöhnen, auch im *Sein vor Gott* konzentriert aufzunehmen, was Israel und die Kirche seit 2500 Jahren in bewährter Weise als Gottesdienst praktizieren. Und wiederholen wir es noch einmal: Kinder haben kein Problem mit dem, was auch ihre Eltern aus Überzeugung praktizieren. Kleinkinder sind stets konzentriert dabei, wenn gesungen wird. Nicht umsonst wird der Gottesdienst in der Ostkirche gesungen, nicht gesprochen. Kindergeschrei weist nur darauf hin, dass der Vortrag zu lange wird und auch die Erwachsenen das, was eben geschieht, nicht mehr mit vollziehen.
Auch wir waren doch als Kinder ganz erfüllt davon, im Erleben und Begreifen Welt selbst zu schaffen.[191] Auch wir Erwachsenen sind bei der Sinnsuche gezwungen, in den beschriebenen „kindlichen“ Denkmustern zu bleiben, weil unser rationales, zweckgebundenes Denken und unser „naturwissenschaftlicher Generalschlüssel“ das wahre Leben nicht durchdringen können. Kindern wollen ihre Eltern spiegeln, sie wollen dazugehören – groß sein –, sie wollen an sich nicht im Mittelpunkt des Interesses stehen und kleine Egoisten werden.[192] Das Heraustreten aus unserem gegenwärtigen Holzweg „Kind-Ghetto“ schließt die Bildung der Vernunft auch in religiöser Hinsicht mit ein, weil Glaube eben das ganz greifbare eigene Leben betrifft und keine romantische Kinderwelt darstellt.

Insgesamt berühren wir fortlaufend einen Begriff, der im Glauben eine zentrale Stellung einnimmt: die Liebe: den anderen annehmen, wie er ist; ihn in seiner ganzen Existenz respektieren. Wolfgang Bergmann bemerkt dazu: *„Liebe ist eine Art, die Dinge so anzuschauen, dass sie nicht so-*

gleich geordnet und geteilt, sondern zuerst und vor allem empfunden werden.“[193] Das bedeutet, sich mit seiner ganzen Existenz auf jemanden oder etwas einlassen und nicht von oben herab beurteilen. Das gilt dann auch schon für die eigenen Kinder: Liebe bedeutet zunächst einmal, zu staunen: *„dass es dich überhaupt gibt, mein Sohn, meine Tochter, ist unbegreiflich.*“[194] Wir sind es in unserer säkular-naturwissenschaftlich-positivistischen Welt heute so gewohnt, unsere Kinder insgeheim als Produkte des elterlichen Sex zu begreifen und unseren Anfang im Schoß der Mutter zu verorten. Dieser chauvinistische Gedanke wurde meinen Schülern allerdings schnell verleidet, wenn wir die Konsequenzen bedachten, dass sie nämlich dann letztlich Produkte elterlicher Willkür bzw. Hormongesteuerter Triebhaftigkeit sind und aus den Eierstöcken und Hoden ihrer Eltern stammten. Dazu ist außerdem anzumerken, dass nach neuesten wissenschaftlichen Erkenntnissen selbst die Befruchtung der Eizelle von so etwas wie Beziehung und Sympathie getragen wird. Es dringt nämlich nicht das schnellste, stärkste Spermium in die Eizelle ein, sondern die Zelle lässt nur das herein, das ihr (durch Duftstoffe…) am meisten „sympathisch“ ist.[195] Unser irrationaler Machbarkeitswahn verstellt uns den Blick darauf, dass jedes Kind nach wie vor ein Geschenk bleibt, ein ganz eigenes, personales Leben, das wir vielleicht gezeugt haben, das aber von Anfang an unmissverständlich seine eigenen Wege geht und seine eigene Würde und Dynamik hat. Die Bibel hat das bereits in der Metapher ausgedrückt, dass Gott als Herr über den Uterus gilt (z.B.: Gen 30, 1-2).[196]

Liebe als Empfindung vermittelt Anerkennung und ist eine der elementaren Bedürfnisse des Menschen. Sie vermittelt den Mut und die Zuversicht, sich mit der Welt und dem Leben auseinanderzusetzen. Liebe ist konkret und gegenwärtig, sie ist hier und jetzt.

Ein solcher Lebensmut schließt mit ein, dass wir uns selbst unvoreingenommen und offen auf unser Leben, das genau genommen permanent nur wenige Atemzüge und Herzschläge vom ständig drohenden Tod entfernt ist, einlassen. Dieses wache Dasein, dieses Miteinander-Zeit-Verbringen ist wertvoller als alle professionellen oder unprofessionellen Förderprogramme. „*Zeit verlieren ist die Voraussetzung wirklicher Bildung*", schärft uns Bergmann ein.[197] Darum ist so eine „Muße" für die Weitergabe des Glaubens unerlässlich und muss von uns fortlaufend gewissenhaft neu eingeübt werden. Es wäre an dieser Stelle danach zu fragen, ob die sich heute so rasch ausbreitenden Krankheiten ADS und ADHS nicht in den meisten Fällen psychische Gegenreaktionen auf zu wenig Muße, aber auch zu wenig menschliche Nähe und körperliche Bewegung sind. Eine solche Liebe zur Welt und zu den Menschen weiß: alles ist unwiederbringlich – und Zeit vergeht.[198] Wir schrecken heute vor diesen Gedanken zurück, da wir danach streben, die Vergänglichkeit zu überwinden. Dabei vermittelt gerade die liebende Gegenwart der Eltern ihren Kindern Mut und Zuversicht für eine definitiv ungewisse Zukunft. Elternliebe zeigt den Kindern: Sorgt euch nicht um morgen. Zukunft ist nicht planbar, auch wenn das heute mannigfach versucht wird mit Uhren (durch die wir die Zeit im Griff haben wollen), Wettervorhersagen, Börsenanalysten, alle möglichen Ratgeber – das sind alles Illusionen unseres Machbarkeitswahns als „Mittel gegen das Chaos. Man kann aber nur je in der Gegenwart mithilfe der Erfahrungen der Vergangenheit reagieren, in Muße und Liebe. Das merken die Kinder –

und sie merken es sich. Das ist Erziehung zum Guten.[199] Die psychologischen, wissenschaftlichen Erklärungen unserer zahlreichen Fachleute und Ratgeber ordnen, teilen und beurteilen. Sie verunsichern gerade junge Eltern – sie *lieben* aber nicht. Sie bieten unzählige Ratschläge an – gegen Geld – mit den elementaren Problemen des Lebens aber lassen sie uns allein; ganz einfach aus dem schlichten Grund, weil sie die versprochenen Lösungen für das Leben in Wirklichkeit nicht bieten können.
So muss es also unser Ziel sein, den Kindern einen Glauben zu erschließen, der diese Liebe, die das Leben menschlich und lebenswert macht, ganz von selbst nach sich zieht.

Bis hierher haben wir einen weiten Bogen gespannt, von den gängigen Klischees unserer Gesellschaft über die Kirche und die Hauptursachen der gegenwärtigen Kirchenkrise über die unbestrittenen Stärken dieser Gemeinschaft bis hin zum richtigen Verständnis des Glaubens, seiner Praxis und seiner Weitergabe. Wie wird denn abschließend die künftige Rolle der „Amts-Kirche" aussehen, die die Gemeinschaft der Glaubenden ja nach außen hin vertritt? Eigentlich ist es eine Selbstverständlichkeit der Erziehungs- und Bildungsarbeit, worauf Benedikt XVI. im Zusammenhang mit der Fußwaschung Jesu hinweist: *„Nur wenn wir uns immer wieder vom Herrn selbst waschen, ‚rein machen' lassen, können wir lernen, mit ihm zu tun, was er getan hat."*[200] Es kommt für die Amtsträger wie für die Kirche insgesamt also darauf an, nicht bevormundend den moralischen Zeigefinger zu heben und zu sagen: *„Ihr müsst…"*, sondern vielmehr die Menschen zu begleiten und mit ihnen zu handeln – als Vorbilder; so wie der barmherzige Samariter; ohne Ansehen der Person, ohne Spekulation darauf, ob es *„etwas bringt"*, rein nur aus Nächstenliebe wie es uns Papst Franziskus vormacht. Es ist ja nicht so, dass die moralischen Werte und Grenzen, die der Glaube vorgibt, passé wären. Der biblische Glaube begreift den Menschen als Geschöpf Gottes, der das Recht und die Pflicht hat, gemäß seiner Natur – Gottes Schöpfungswillen – zu leben. In diesem Zusammenhang wird und muss die Kirche auch weiterhin auf der Seite des Menschen stehen. Denn gerade in unserer postmodernen Zeit dürfen wir darauf hinweisen, dass das Papsttum und die episkopale Kirche Orientierung und Rückhalt bieten *„in Zeiten unübersehbaren Pluralismus und postmodernen Werteverlusts"*.[201] Das wird von den suchenden Menschen verstanden, das werden sie gerne annehmen und (in der Nachfolge Jesu) teilen wollen.[202]

5.2.2. Weitergabe des Glaubens in Schule und Gemeindekatechese

Zuletzt wollen wir fragen, wie denn Religionsunterricht und Gemeindekatechese den Glauben unter den oben genannten Aspekten weitergeben können. Wir erwähnten bereits, dass unsere Konzepte sowohl des schulischen Lehrplans als auch der Gemeindearbeit in Deutschland nach wie vor davon ausgehen, dass das Elternhaus die fundamentale Glaubensunterweisung trägt. Das wird aber zunehmend nicht mehr erbracht. Darum vermag Beides die Kinder und Jugendlichen oft nicht mehr persönlich zu erreichen. Um ihnen den Glauben also in der oben umrissenen Gestalt erschließen zu können, ist es mehr und mehr erforderlich, sie im Glauben regelrecht neu zu unterweisen. Wenn ich Religionspädagogen gegenüber eine katechetische Glaubensunterweisung im Religionsunterricht erwähne, machen sie in der Regel die Schotten dicht, denn noch wird damit der alte kerygmatische Unterricht verbunden, in dem der Katechismus auswendig zu lernen war. Natürlich dürfen weder der Religionsunterricht noch die Katechese vorschreiben. Beide müssen aber trotzdem den Kindern und Jugendlichen die Möglichkeit bieten, ihre Spiritualität pflegen zu können (wenn sie sich auf die christliche Perspektive gläubig einlassen). Was ich damit meine, brachte eine Werbeslogan der Süddeutschen Zeitung im Oktober 2014 auf den Punkt: *„Wir wollen Ihnen nicht sagen, was Sie denken sollen, sondern wir wollen Ihnen zeigen, was Sie wissen sollten"*, um sich selbst ein Bild zu machen. Genau das macht nicht nur guten Journalismus, sondern auch gute Katechese aus. Heute ist der Religionsunterricht angesichts fehlender christlicher Familienkultur und entsprechend fehlender Gottesdienstbesuche oft als einziges Mittel verblieben, um Jugendliche kontinuierlich mit dem Glauben in Berührung zu bringen. Der entscheidende Aspekt der Indoktrination ist ja der Zensus, der in der Schule erhoben wird: das vermittelte Wissen ist zu lernen und wird bewertet. Darum kann und darf es bei der Weitergabe des Glaubens aber eigentlich nicht gehen.

Der Mensch lernt, indem er das Neue beurteilt und interpretierend in seinen Lebensentwurf integriert – „installiert". Katechese und Religionsunterricht haben in diesem Zusammenhang die bleibende Aufgabe, an den Glauben, die christliche Lebensgestaltung und die Beziehung mit Gott, heranzuführen.[203] Wie soll denn schließlich ein Kind

oder Jugendlicher eigene Entscheidungen über seinen grundsätzlichen christlichen Lebensentwurf, über sein Lebens-„Betriebssystem" treffen, wenn ihm das hierfür erforderliche, ganz grundlegende Glaubenswissen und die Lebenspraxis fehlen? Oft müssen die Schüler überhaupt erst lernen, auf das zu achten, was um sie herum vorgeht, damit sie es in der Perspektive des Glaubens wahrnehmen, um dann eine eigene, bewusste Entscheidung für oder gegen diesen Glauben treffen zu können.
Da wir Teil einer Weltkirche sind, dürfen wir uns die Erfahrungen anderer Ortskirchen zu Eigen machen, wenn sich deren Situation mit der unsrigen vergleichen lässt. Für die umrissenen Probleme können wir auf einschlägige Erfahrungen aus Frankreich zurückgreifen: auf die Katechese wie sie beispielsweise das Säkularinstitut *Notre Dame de Vie* entwickelt hat. 1932 gründete der Karmeliterpater Marie-Eugène Grialou zusammen mit mehreren Lehrerinnen um Marie Pila in Venasque die Gemeinschaft *Notre Dame de Vie*, um die durch die Trennung von Kirche und Staat daniederliegende Katechese neu zu beflügeln. 1962 wurde die Gründung als Säkularinstitut päpstlichen Rechts anerkannt. Seine Besonderheit besteht darin, dass es drei selbständige Zweige für Frauen, männliche Laien und Priester umfasst, die zusammen ein einziges Institut bilden. Die Katechese von *Notre Dame de Vie* ist nun schon gut 50 Jahre in der Praxis in Frankreich erprobt.
In sehr umsichtiger Weise wird den Kindern und Jugendlichen Gott, der in ihrem alltäglichen Leben auch nicht mehr vorkommt, als ein Gegenüber erschlossen, mit dem sie in Beziehung treten können. Das hat für ihr Leben natürlich greifbare Folgen: Beziehung gibt Vertrautheit und Mut fürs Leben.[204] Es geht der Katechese also nicht um

eine „Religionskunde", um Wissensvermittlung, sondern für den, der die Unterweisung für sich annimmt, um eine echte Neuausrichtung des eigenen Lebens – wie es dem Begriff „Glaube" ja innewohnt. Das setzt natürlich voraus, dass der Katechet selbst ganz im Glauben und in der vorausgreifenden Liebe Gottes lebt und handelt,[205] sich also als Sprachrohr und Werkzeug Gottes versteht – und sich natürlich ganz in der Bibellektüre, dem Katechismus und anderer kirchlichen Verlautbarungen verankert. Darin zeigt sich, dass die Methode von *Notre Dame de Vie* das eine ist, das wesentlich Wichtigere aber ist die vermittelte innere Haltung: *„das Kind tröstend und helfend auf seinem Reifen begleiten"*,[206] ihm Raum geben, an der eigenen Glaubenspraxis die Gottesbeziehung zu erspüren, zu erleben und selbst nachzuvollziehen. Wer mit Gott lebt, hinterlässt geistliche Eindrücke (vgl. 1 Tim 4,12) – eine Spur des geistlichen Lebens. Wer mit Gott lebt, bringt seinen Mitmenschen Wertschätzung und Anerkennung entgegen (Phil 2,3). Wer mit Gott lebt, sucht den Rat anderer und nimmt ihn an (Spr 1,5). Wer mit Gott lebt, weiß, dass dieser Herr Leben wecken kann, wo nichts zu erwarten ist (Klgl 3,21-24).[207]

Wenn uns Anne-Marie Le Bourhis in ihrem Leitfaden zur Katechese mittteilt, dass es dem Geist Grialous widerspräche, wenn sich der Katechet/Religionslehrer selbst darstelle, vielmehr Gott durch ihn an den Kindern handeln solle, hören wir Gedanken, die in unseren Betrachtungen bereits eine wichtige Rolle gespielt haben. Insofern versteht sich der Katechet als Diener und Wegbereiter der Dynamik des Heiligen Geistes, der im Getauften wirken und ihn verwandeln will. Die Kinder der säkularen

Gesellschaft bedürfen Solcher, die ihnen helfen, den Ruf Gottes in sich wahrzunehmen und darauf zu achten. Das sind wir unserem Anspruch auf Ebenbildlichkeit Gottes schuldig.[208]

„Um Christus nachfolgen zu können, genügt es nicht, nur von ihm zu sprechen und sein Leben zu kennen, sondern es muss zu einer wahren, persönlichen Begegnung zu ihm [durch das Evangelium] kommen.“[209] Wie aber soll die Katechese konkret vorgehen, wie Jesus Christus und sein umfassendes Heilswirken den Kindern bekannt machen?[210] Diese Aufgabe setzt seitens des Katecheten eine hohe Achtung der Kinder und Jugendlichen (=Liebe) voraus[211] und eine große kognitive und emotionale Vertrautheit mit der Person Jesu (= eigener Glaube), sowie grundlegende psychologische Kenntnisse der menschlichen Persönlichkeitsentwicklung. Letztere sind erforderlich, um die Kinder und Jugendlichen in ihrer natürlichen Reifung zu begleiten, um ihre menschlichen Qualitäten optimal zu entfalten. Darum bemüht sich auch der Religionsunterricht hierzulande. Die Themen des Lehrplans sind weitgehend darauf abgestellt. Auch er ist *„ein systematischer Unterricht [...], der das wesentliche behandelt. [...] eine vollständige Einführung ins Christentum [...], der sich für alle Bereiche des christlichen Lebens offen hält.“*[212] Bei der psychologischen Schulung lässt die Ausbildung der Seelsorger, Lehrer und Katecheten in Deutschland aber leider nach wie vor zu wünschen übrig. Und was uns heute eindeutig fehlt, ist der unterweisende Charakter, der den Kindern und Jugendlichen erschließt, was sie vom Elternhaus nicht mehr vermittelt bekommen. Auch wenn uns in der Regel getaufte Christen gegenübersitzen, bedarf die Mehrzahl von ihnen, die aus dem religiös distanzierten Milieu[213] entstammt, einer grundlegenden Glaubensun-

terweisung, wenn sich der Religionsunterricht nicht über kurz oder lang selbst überflüssig machen will. Der Bezug des Glaubens zum konkreten, eigenen Leben ist nämlich häufig abgebrochen.

Aus der Vorgehensweise von *Notre Dame de Vie* habe ich eine Methodik entwickelt, die in Religionsunterricht und Gemeindekatechese den Glauben erschließt, ohne zu indoktrinieren. Das hier vorgestellte Modell weiß sich dem oben ausgeführten erlebten Glauben verpflichtet und erfolgt in fünf Schritten, die den Prinzipien situierten Lernens[214] folgen. Die Schritte sind:

1. Wahrnehmung,
2. Sichtung,
3. Umsetzung,
4. Perspektivwechsel,
5. Beurteilung.

Wahrnehmung

Unser erster Schritt muss es sein, die Thematik anhand vertrauter Eindrücke aus der Lebenswelt der Kinder und Jugendlichen einzuführen (IST-Zustand). Dann wird der SOLL-Zustand erhoben, wie der Sachverhalt in ihrem Leben ihrer Meinung nach sein sollte. Die Kinder und Jugendlichen wissen wohl, dass nicht alles in ihrem Leben rund läuft. Sie tragen eine Ahnung über den Sinn ihres Daseins in sich. Wir versuchen zu skizzieren, wie es denn sein sollte – ohne aber einen unerreichbaren Idealzustand zu beschwören. Der würde jede weitere Bewegung blokkieren. Aufgedeckte, offene Widersprüche zwischen IST und SOLL regen (im Idealfall)[215] zu kritischen Fragen an, die von den Kindern und Jugendlichen geäußert werden und eine Suchbewegung auslösen. Das ist in einer Situation, da die Schüler den Unterricht oft konsumieren und sich geistig nicht daran beteiligen wollen, oftmals schwierig. Wir können aber trotzdem nicht darauf verzichten. Kommt nämlich die Fragestellung der Kinder und Jugendlichen nicht zustande, kann sich die Katechese didaktisch nicht entfalten. In den neuen Religionsbüchern[216] ist der Einstieg häufig schon entsprechend gewählt. Die solchermaßen zustande kommenden Fragen sind ganz von selbst solche, die den Sinn des Lebens betreffen. Das führt aber auch immer wieder zu Widerständen, denn die Schüler können sich nicht hinter diesem Unterricht verstecken; er geht ihr eigenes Leben an, sie müssen sich existenziell darauf einlassen – auch auf gegebenenfalls Verdrängtes.

Sichtung

An Beispielen aus der Natur oder der sozialen Umwelt suchen wir nun Antworten auf unsere Sinnfragen. Damit bewegen wir uns noch ganz im Rahmen der säkularen Perspektive der Schulfächer und vermeiden ein frühzeitiges Abkoppeln des Religionsunterrichts in eine Sphäre, die mit der Lebenswelt der Kinder und Jugendlichen nichts zu tun hat. Glaube soll ja gerade die Aufgabe eines „Betriebssystems" des eigenen Lebens erfüllen. Unsere Vorgehensweise hängt hierbei stark von der Verortung der Schüler ab. Am besten wäre es, sie selbst bestimmen zu lassen, welche Dinge (aus der Natur oder der sozialen Umwelt) hinsichtlich der Fragestellungen näher in Augenschein genommen werden sollen. Dieser Schritt eignet sich gut dazu, die Kinder und Jugendlichen selbständig arbeiten zu lassen. Denkbar wäre es in diesem Stadium, immer wieder Momente der Stille einzubauen, die den Kindern Raum geben, über das Erarbeitete zu staunen, soweit sie eben dazu in der Lage sind.

Umsetzung

Das gewonnene Wissen muss nun auf andere Zusammenhänge übertragbar gemacht werden. Wir wollen Antworten auf die Eingangsfragen finden. Hier ist die geeignete Stelle, um das von den Kinder und Jugendlichen selbst Erarbeitete auf den Prüfstand zu stellen. Sie sollen ihre Ergebnisse vorstellen und kritisch aufgrund unserer Eingangsfragen hinterfragen. Lässt sich unser Sehnen anhand der gesichteten Welt erfüllen? In der Regel werden die Kinder und Jugendlichen ihre Fragen auf der Sachebene gut beantworten können. Dies ist die in der Schule übliche Ebene der *wissenschaftlichen Weltsicht* – im Theater die *Handlungsebene*. Praktisch alle Theorie in der Schule (und unserer gesamten Gesellschaft) basiert auf dieser Perspektive. Sie ist ja auch nicht abzulehnen. Wir verdanken unseren technisch-ökonomischen Wohlstand den Erkenntnissen der (Natur-)Wissenschaft. Sie trat in Europa ihren Siegeszug mit der Entgöttlichung der Welt durch die Bibel an und wäre anderswo in der Welt so nicht vorstellbar gewesen. Indem wir unsere Umwelt als von Gott gewollt und gestaltet erfahren haben, damit er mit uns in Beziehung treten kann, ist nun der Raum gegeben, darauf zu reagieren.

Was der wissenschaftlichen Weltsicht fehlt, ist die *menschliche Lebensrealität* und die darin enthaltene Sinnfrage – im Theater die *Bedeutungsebene*. Wir müssen uns nochmals ins Gedächtnis rufen, dass die menschliche Lebensrealität unser Leben prägt und nicht die wissenschaftliche Weltsicht. Aus der *Sichtung* heraus werden also die Eingangsfragen hinsichtlich der menschlichen Lebensrealität in einem mehr oder minder großen Umfang unbeantwortet bleiben. Je nach dem religiösen Standort der Kinder und Jugendlichen leiten wir jetzt auf die Perspektive über, dass es Gott tatsächlich gibt. Damit ist bereits die Kehrtwende vollzogen, die in den vierten Schritt mündet.

Hier müssten wir in unserem Theatervergleich Molières überraschende Kehrtwende am Ende anführen: das bittere Ende der Tragödie wird durch einen überraschenden Schiedsspruch des Königs ins Happy End gewendet – mit anderen Worten: da wir mit unserer innerweltlichen Perspektive im Sinne der Handlungsebene nicht weiterkommen, ändern wir nun die Perspektive und treten auf die Bedeutungsebene über. Jedes Theaterstück lebt von diesen beiden Dimensionen.[217] In gleicher Weise dürfen wir auch beim Lesen von Bibeltexten, wie wir es nun tun wollen, nicht auf der vordergründigen, historisch, literaturwissenschaftlichen Handlungsebene stehen bleiben, sondern wir müssen die Bedeutungsebene betreten, auf der uns die biblischen Texte ihre heute noch menschlichen Grundbefindlichkeiten vermittelt.

Perspektivwechsel

Der Perspektivwechsel erfolgt durch biblische Texte, die die Fragestellungen der Kinder und Jugendlichen aufnehmen. Zu *jedem* Thema haben wir biblische Personen zu befragen, wie sie damit umgingen. Denn es handelt sich bei diesen Geschichten ja um Erfahrungen zu entsprechenden menschlichen Situationen im Sinne einer „Familiengeschichte“ durch die Jahrhunderte: Wie sind unsere

Vorgänger im Glauben mit vergleichbaren Lagen in ihrem Leben umgegangen und warum? In der Regel werden wir uns an alttestamentliche Perikopen halten, wobei auch gelegentlich Texte aus den neutestamentlichen Briefen, der Apostelgeschichte oder aus der Offenbarung des Johannes geeignet sind. Für die Bereiche der Kirchengeschichte, wie sie im Lehrplan vorgesehen sind, bietet es sich an, Text über Heilige zu befragen, da auch sie uns entsprechende, bleibende Inhalte der Bedeutungsebene, der menschlichen Lebensrealität vermitteln. Entsprechend ist es möglich, die bis Schritt drei erworbenen Kenntnisse etwa beim Leiden und Sterben Jesu (6. Klasse), mit alttestamentlichen Texten zu vergleichen. Idealerweise können auch hier zuerst die Kinder und Jugendlichen befragt werden, welche Texte sie selbst heranziehen würden.

Es soll dabei nicht um eine zweite Sichtung gehen. Die Schüler bleiben aufgefordert, immer die Konsequenzen aus der Glaubensperspektive „es gibt Gott wirklich" zu ziehen. Biblische Texte könnten ja auch unter einer säkularen Sichtweise betrachtet werden. Sie müssen folglich stets als Erfahrungswerte im Bewusstsein bleiben, die seit 2500 bis 3500 Jahren mit diesem Gott gemacht wurden und entsprechend ihres „Durch-Blicks" das Defizitäre einer Welt ohne Gott aufweisen. Abweichend von den oft in den Büchern vorgegebenen Textstellen könnten auch solche herangezogen werden, die genauso wie wir heute mit Gott oder mit der Gottesferne ringen. Auch dieser Schritt könnte von den Kindern und Jugendlichen in Eigenarbeit erbracht werden: Sie können die betreffenden Perikopen im Rahmen einer Bibelarbeit eigenständig befragen und auswerten.

Beurteilung

Nun werden die Eingangsfragen letztmals herangezogen. Nachdem die Schüler ihre eigenen Ergebnisse vorgestellt und diskutiert haben, wollen wir nun mit Hilfe von Jesus als einem „kompetenten Fachmann" in ausgewählten Evangelienperikopen verbindliche Antworten auf die Sinnfragen finden. Wie geht Jesus mit einer vergleichbaren Situation um? Entscheidend ist an dieser Stelle, und das vernachlässigt der Religionsunterricht heute durchweg, nicht beim Wissenserwerb aus dem Evangelium stehen zu bleiben. Wir erreichen dies, indem Jesus aus den Perikopen heraus die Kinder und Jugendlichen *in direkter Rede* anspricht. Abschließend muss der Bezug auf **mich** stehen. Auch in diesem Fall soll es also um keine Wiederholung von Schritt 4 mit neutestamentlichen Textbeispielen gehen. Vielmehr sind die Kinder und Jugendlichen nun in der Begegnung mit Jesus aufgefordert, ihr eigenes Urteil zu Jesu Antworten angesichts ihrer Sinnfragen zu fällen und diese Antworten entweder für sich in ihren Lebensentwurf – nicht nur theoretisch, sondern ganz praktisch in der eigenen Lebensführung – zu integrieren oder aber abzulehnen.

Da Schule Leistung abfragt, sollten hierfür die Schritte 1, 3 und 5 nicht herangezogen werden. Darin geht es um ganz Persönliches, um ganz individuelle Lebenswirklichkeit, um echte Unterweisung im Glauben, nicht um Kompetenz über einen bestimmten Lehrstoff. Das kann und darf nicht durch Noten bewertet werden.
Nur in einer persönlichen Auseinandersetzung wird die gewünschte „Installation" in den eigenen Lebensentwurf

in Gang gesetzt. Dies ist das „Samenkorn“, dessen Aufgehen und Wachsen jenseits der Kontrolle des Lehrers/Katecheten liegt. Nur indem wir dem Kind und Jugendlichen diese individuelle Begegnung mit dem Wort Jesu aus dem Evangelium heraus zugestehen, üben wir in der Unterweisung echte Nächstenliebe. Jesu Antwort, das ist nun fast überflüssig, erwähnt zu werden, erfolgt aus der Bedeutungsebene und hat folglich bleibenden Wert für jeden Menschen. Um diese „Installation“ zu gewährleisten, sollte den Schülern selbstverständlich ein Raum der Stille, der Besinnlichkeit zur Verfügung stehen, in dem sie persönlich mit Jesus in Beziehung treten können. Wir wollen bei dieser Gelegenheit auf die sehr anschauliche deutsche Sprache verweisen: ein Ver*hält*nis kann nur durch innehalten zustande kommen.

6. Schluss

Wir wollten in Erfahrung bringen, weshalb die Kirche heute in der Krise steht und wie es mit dem Glauben in unserer postmodernen Gesellschaft wohl weitergeht.
Wir mussten feststellen, dass in unserer säkularen Welt keineswegs alles Gold ist, was glänzt. Unser Bild von Kirche ist in unserer scheinbar so objektiven Welt gründlich, möglicherweise sogar absichtlich, verzerrt worden. Denn die Kirche, die sich – wieder einmal – im Umbruch befindet, hat auch uns modernen Menschen im angehenden 21. Jahrhundert nach wie vor noch Wichtiges zu sagen. Das kommt von daher, weil der spezifisch menschliche Blickwinkel auf das Leben seit unserer Entstehung der gleiche geblieben ist. Wir suchen nach Sinn für unser Dasein und finden ihn in Gefühlen wie Licht, menschlicher Wärme, Geborgenheit, Glück und Anerkennung, Hoffnung und Liebe. Die Erfahrungsberichte der zahllosen Menschen, die an der Entstehung der Bibel mitgewirkt hatten, thematisieren genau diese Grundfragen; darum bleiben diese alten Geschichten auch für uns heute zeitlos gültig.
Dem Preußenkönig Friedrich dem Großen wird das Wort zugeschrieben: *„Der Mensch wird zum Tier, wenn er nie einen Sonntagsrock an hat.“*[217] Ohne Glaube, Liebe und Kirche verkommt unsere Gesellschaft folglich mehr und mehr zu einem „tierisch“-totalitären System. Dem gilt es von Seiten der Kirche im Interesse von Menschenwürde, Gleichberechtigung und jener Menschlichkeit, die unsere Spezies so liebenswert macht, beharrlich entgegenzuwirken. Denn Religion, Glaube, ist in Wahrheit eine Grundhal-

tung, die die eigene Lebensgestaltung bestimmt. Sie verliert ihre Inhalte, wenn die Realität Gottes ignoriert wird. In seiner Gegenwart aber entpuppen sich der Glaube und die Gemeinschaft der von Gott Gerufenen als tragfähiger Grund des krisenanfälligen Lebens. Und weil der Glaube das eigene Leben betrifft, kann, darf und – als beste Alternative – muss er weitergegeben werden, indem wir ihn unseren Kindern in der eigenen Lebensführung vorleben. Dass dies jedem Einzelnen gelinge – und er ist ja damit nicht allein, sondern getragen von einer großen Gemeinschaft und unseren Herrn – dafür erbitte ich Gottes Segen.

7. Anmerkungen

[1] Nassehi, Kompetenz, S. 127.

[2] Laut eines Berichts vom Münchner Merkur vom 16./17.07.2016 traten 2015 181.925 Katholiken aus der Kirche aus. Nur noch 56 % der deutschen Bevölkerung gehören einer der beiden großen christlichen Konfessionen an. Der Religionsmonitor 2008 zählte noch 62,30 %.

[3] Ziebertz, Herausforderungen, S. 70.

[4] Ziebertz, Herausforderungen, S. 74.

[5] Albani, Sterne, S. 28: Unsere Gegenwart neigt dazu, die Naturwissenschaft als Generalschlüssel für all unsere Probleme einzusetzen. Doch ist dieser Schlüssel tatsächlich passend für das, was die Bibel verkünden will?

[6] So formulierte es der Münchner Merkur anlässlich des 400. Jahrestags der Entdeckung der Jupitermonde durch Galilei im Januar 2010.

[7] Die Zahlen sind einem Vortrag im Institut für Lehrerfortbildungen, Gars am Inn vom 14.04.2005 entnommen.

[8] Vgl. BBC-Dokumentation „Human Journey" (21.11.09, VOX).

[9] Münchner Merkur vom 6. Oktober 2016.

[10] Andreas Gruber, „Das Blaue vom Himmel: Die Allmacht des Marktes als neue Religion", *kreuz & quer* - Filmessay, erstmals am 08.06.2004 im ORF 2 ausgestrahlt, mehrfach wiederholt im ORF 2 und 3sat.

[11] Amery, Global Exit, S. 128ff.

[12] vgl. Lütz, Lebenslust.

[13] Bis hier und weiter: aus einem Interview in: Das Blaue vom Himmel.

[14] Lütz, Lebenslust, S. 36f.

[15] Eine weitere Spielart wurde im Münchner Merkur vom 2./3. Oktober 2014 vorgestellt: Wenn schon kein physisches ewiges Leben möglich ist, soll zumindest der eigene Körper durch Pla-

stination ewig haltbar gemacht werden. Auch war im Münchner Merkur am 07.05.2015 zu lesen, wie ungesund das bayerische (wiesn- und Biergarten-)Essen sei – das geht eindeutig auf Kosten bayersicher Lebenslust.

[16] Münchner Merkur vom 17./18.10.2015.

[17] nach dem Ausspruch: „Wo das Geld spricht, verstummt alles andere".

[18] Unwort des Jahres 2008.

[19] Auch Bundesfinanzminister Schäubles 2016 stolz präsentierte „schwarze Null" kann nicht darüber hinwegtäuschen, dass die Bundesrepublik Deutschland nach wie vor einen Mühlstein von über 2.000.000.000.000 € Schulden um ihren Hals trägt.

[20] DCO 2010/6, S. 316.

[21] Dazu ausführlich bei Glonner, Erzieher, S. 51ff.

[22] Maier, Plünderung, S. 25.

[23] Maier, Plünderung, S. 25 nach Weik M, Raubzug. James Glattfelder spricht von einem „globalen Superunternehmen", dem letztlich alle großen Konzerne gehören und durch das 0,123 % der Menschheit (das sind heute ca. 8 Millionen) über ca. 80 % des weltweit verfügbaren Kapitals verfügen (Maier, Plünderung, S. 195).

[24] Maier, Plünderung, S. 27.

[25] Laut der *Kampagne für saubere Kleidung* oft von 8.00 Uhr morgens bis 3.00 Uhr nachts.

[26] Ein Blick hinter die Kulissen von Internetbörsen für Billigflieger wie www.texyard.com zeigt den gnadenlosen Druck auf dem „Billig-Parkett". Vgl. hierzu auch: Nach dem Brand beim Münchner Modehaus Hirmer im Dezember 2005 wurde das komplette Sortiment Herrenmoden zu Schleuderpreisen veräußert. Das Kaufhaus wurde von einer Flutwelle kaufwilliger Herren gestürmt. Die billigen Preise veranlassten die Männer, zu kaufen, was ihre Frauen laut Münchner Merkur ihnen bisher vergeblich angeraten hatten.

[27] Meise, Geiz, S. 8; Es geht nicht mehr um ein „ich brauche" wie nach dem Krieg, oder ein trotziges „ich will" wie in den Siebzigern [und] auch das ruhigere „ich hab's mir verdient" der Achtziger ist längst passé.

[28] Die Nullzinspolitik der EZB raubt den Sparern ihre Einlagen und trägt so zur weiteren Verarmung weiter Gesellschaftskreise bei. Der Chef der Münchner Rück, Nikolaus von Bomhard sprach im Münchner Merkur vom 17.03.2016 von „massiven Umverteilungen" in der Gesellschaft. Laut Münchner Merkur meldete am 11./12.04.2015, dass die deutschen Sparer seit 2010 durch die Niedrigzinspolitik ca. 190 Milliarden Euro verloren haben (seither ist sicher noch eine gewaltige Summe dazu gekommen); am 11.08.2015 war zu lesen, dass der Bund zu den Gewinnern gehört, weil er aufgrund der niedrigen Zinsen 100 Milliarden an Zinsgeldern sparte. Es ist nicht zu durchschauen, weshalb gerade in dieser Situation, da die EZB die Bankenwelt mit billigem Geld überflutet, es immer schwieriger für Privatleute wird, von jenen Banken Kredite zu erhalten, umgekehrt die Banken wiederum für ihr Geld, auf dem sie folglich sitzen bleiben, bei der EZB Strafzinsen zahlen müssen.

[29] Die Kommunen fördern diese Entwicklung zumeist, weil sie sich durch die Gewerbegebiete Mehreinnahmen der Gewerbesteuer erhoffen. Auch hier ist die blinde Habgier der Motor des ganzen.

[30] Hierzu die Fernsehdokumentation „Tod im Fischerboot", bzw. die Situation in Ghana wie sie mir Fr. Lothar Wagner SDB im August 2006 schilderte. Demzufolge beuten britische Firmen das Öl vor der Küste aus, US-amerikanische bauen das Gold ab und deutsche holen sich edle Hölzer aus den Wäldern. Die Bevölkerung aber erhält nichts für die Rohstoffe ihres Landes.

[31] Maier, Plünderung, S. 40f.

[32] Maier, Plünderung, S. 46f.

[33] Dazu die Anmerkung: 2014 wurden über 100.000 Kinder in Deutschland abgetrieben – das ist jedes 7. gezeugte Kind! Wie 2016 zu erfahren war, steigt die Zahl der Abtreibungen neuerdings wieder.

[34] Maier, Plünderung, S. 48f.

[35] Maier, Plünderung, S. 49.

[36] Maier, Plünderung, S. 68.

[37] Religion vernetzt 10, S. 39.

[38] vgl. P. Karl Wallner während eines Vortrags in München-Laim 2007.
[39] Dazu das Gedicht „Reklame“ von Ingeborg Bachmann, in: Farbe bekennen 11, S. 140.
[40] P. Wallner; Das Blaue vom Himmel.
[41] Aus der indirekten Rede zurück übertragen aus dem Statement von Detlef Bierbaum in: Religionsunterricht in offener Gesellschaft, S. 47. Selbst der SPIEGEL bestätigt: der Mensch ist von seiner Evolution her nicht für unsere moderne Welt gemacht: Blech, Gesundheit, S. 122ff.
[42] Laut einer Umfrage im Münchner Merkur im August 2016 immer noch mit Abstand das in Deutschland genutzte Hauptmedium.
[43] Lütz, Gott, S. 34; Lütz, Bluff, S. 84: “*Der wirkliche Gott*“ – weil er die „*banale Mattscheibe*“ sprengen würde – „*kann im Fernsehen gar nicht vorkommen.*“
[44] dazu ist auch auf Bergmann, Kinder, S. 46f hinzuweisen.
[45] vgl. Wolf, Worauf warten wir, S. 42ff. Um nicht die Verantwortung für den Holocaust tragen zu müssen, überantwortete die damals junge Generation diese in scheinbar genialer Weise dem Staat. Nur – der Staat, wer ist das? Seither wurde „dem Staat“ immer mehr von unseren Heilserwartungen aufgebürdet, sodass seine Möglichkeiten heute zunehmend überfordert werden.
[46] Feuerbach, Wesen, S. 53ff.
[47] Lütz, Bluff, S. 56f erklärt dazu: Freuds Psychoanalyse schien damals die innere Welt des Menschen genauso exakt erklären zu können, wie es die Naturwissenschaft „außen“ (scheinbar) vermochte. Den Atomen/Wellen entsprachen der Reflex/die Reaktion der frühen Kindheit.
[48] Lütz, Gott, S. 25f (Zitat S. 26).
[49] Lütz, Gott, S. 26. Zitiert nach: Feuerbach, Wesen, S. 53ff.
[50] Lütz, Gott, S. 29ff.
[51] Brandmüller/Langer, „Der Fall Galilei“. Dazu auch der *kreuz & quer* - Filmessay „Die Akte Galilei“ von 2014; zu sehen auf youtube.de.
[52] Womöglich fand der fränkische Astronom Simon Marius die Monde bereits im November 1609, also zwei Monate vor Galileo

Galilei; er beschreibt sie in seinem Buch *Mundus Iovalis* von 1613. Siehe dazu Das Kosmos Himmelsjahr 2009, S. 168ff.
[53] Kiefer, Quantenkosmos, S. 19.
[54] Putzger[103], S. 95.
[55] Collani, Riten, S. 58ff.
[56] Schneider, Kosmas, S. 75f.
[57] Verlautbarungen des Apostolischen Stuhls 189, S. 38.
[58] „Der Urknall – Gottes Plan?"; „Sternstunden – Das Schicksal unseres Universums" Teil 4.
[59] Kegel, Epigenetik.
[60] 1 Thess 5, 19.21.
[61] HÖRZU 13/2004, S. 6 - 8, Lütz, Riese, S. 107f. Zum Folgenden: Angenendt, Toleranz, S. 305 – 307.
[62] Schmidt, Hexenhammer, S. 1f.
[63] Die Neurobiologie stellt zunehmend in Frage, ob wir uns diese vermeintliche Freiheit nicht nur einbilden.
[64] Vgl. Ratzinger, Glaube, S. 188.
[65] beide zitiert nach Lütz, Bluff, S. 182.
[66] nach Lütz, Gott, S. 46f.
[67] Krech, Vielfalt, S. 34f; Gabriel, Pluralität, S. 78.
[68] 15. Shell-Jugendstudie, Stand: 2006.
[69] Befragt wurden bisher (Stand der Umfrage im Dezember 2016) 666 Personen aus Gymnasien, Realschulen und Berufsschulen im Großraum München sowie in den Landkreisen Miesbach, Rosenheim und Traunstein. Dabei liegt der Anteil der 5.-8. Klasse bei 5,86 %, jener der 9.-12. Klasse bei 11,97 %.
[70] Glonner, Erzieher, S. 73; Human Journey; Grabbeigaben haben nur Sinn, wenn vermutet wird, dass sie der Tote in einer neuen Existenz nach dem Tod braucht.
[71] Lütz, Gott, S. 71-107 weist die naturgegebene Berechtigung kindlichen Denkens in der menschlichen Entwicklung nach.
[72] Vgl. „Farbe bekennen 11", S. 26; auch Hilger, Methodenfragen, S. 204ff.
[73] Ratzinger, Einführung, S. 62.
[74] Ratzinger, Jesus, II S. 260.
[75] Duden Herkunftswörterbuch 2014, S. 342; über „lieb" S. 521.

[76] Duden Herkunftswörterbuch 2014, S. 864; „trauen" bedeutet ursprünglich „fest werden" im Sinne, Heringe in den Boden schlagen, um ein Zelt daran zu befestigen. Begriffe wie Trauung, Vertrauen, Trauer und das englische tree gehören zu dieser Wortfamilie.

[77] aus einer „4711"-Werbung von 2008.

[78] SS 7.

[79] SS 8.

[80] Zeit mit Gott 1/2009, S. 9f.

[81] Zeit mit Gott 1/2009, S. 37f.

[82] Verlautbarungen des Apostolischen Stuhls 189, S. 154ff.

[83] Zeit mit Gott 1/2009, S. 41.

[84] Zeit mit Gott 1/2009, S. 41f.

[85] Darauf hat Walter Kardinal Kasper bei seinem Vortrag „Katholische Kirche gestern, heute und morgen" am 21.11.2011 in der katholischen Akademie in München hingewiesen.

[86] Nassehi, Kompetenz, S. 124f.

[87] Horst, Caesar, S. 147.

[88] Meuelmann, Existenzialismus, S. 104-112.

[89] So bescheinigt von Notker Wolf und Manfred Lütz an verschiedenen Stellen.

[90] Becker-Göpner, N., Liebefalle Baby in: Kidsgo, Apr. 2011, S. 8.

[91] Dazu Morris, Mensch, S. 116ff.

[92] Vgl. SC 2.

[93] Das war Benedikts XVI. am 23.09.2011 in der Erfurter Augustinerkirche völlig überhörte aber zutreffende Antwort auf diese „Reform". Und darum bitten wir jedes Mal, wenn wir im Vater unser beten: „*Dein Reich komme, dein Wille geschehe, wie im Himmel, so auf Erden*".

[94] Blech, J., Geheimnis der Gesundheit in: DER SPIEGEL 40 / 2009, S. 122 – 133.

[95] Vgl. Becker-Huberti, Lexikon, S. 303.

[96] Ortkemper, Tod, S. 49.

[97] zit. nach Ortkemper, Tod, S. 49.

[98] Vgl. Ratzinger, Glaube, S. 133f. Der Stoiker Marcus Terrentius Varro (116–27 v. Chr.) definiert das Götterdrama in Theater und

den Staatskult als *religio* im römischen Sinne. Die Philosophie hinterfragt und negiert diese Götter, weshalb sie „atheistisch" ist und von Staats wegen systemfeindlich ist. Exakt unter diesem Vorwurf wurden die Christen vom römischen Staat mehrmals brutal verfolgt.

[99] Ratzinger, Jesus, II S. 75.

[100] Vgl. dazu die viel beachtete Untersuchung „Prinzip TINA" von Astrid Séville (Münchner Merkur vom 31.10./01.11.2016: „eben nicht ‚alternativlos'"). Auch und vor allem zum Thema Homosexualität wird neuerdings Akzeptanz statt Toleranz gefordert: Lehrplan des Bundeslandes Hessen (LOGO vom 30.10.2016) oder einschlägige Formulierungen auf einem Pamphlet zu einem Aufklärungsprojekt im Oktober 2016.

[101] Im Münchner Merkur vom 02.11.2016 wird der Theologe Wunibald Müller und sein Buch „Warum ich dennoch in der Kirche bleibe" vorgestellt. Er berichtet von einer Beanstandung der Glaubenskongregation unter dem damaligen Kardinal Ratzinger gegen eine Aussage in seiner Doktorarbeit über Homosexualität. Er frage sich: „In was für einem System bin ich denn?" Doch geht es hier nicht auch um eine Richtschnur bezüglich der Leser dieser Thesen, was denn dem Evangelium entspricht und was nicht? Mahnt nicht auch schon Paulus in seiner Gemeinde, auf das Denken und die Gefühle der Anderen Rücksicht zu nehmen, auch wenn man es für sich selbst besser weiß? Natürlich muss auch festgehalten werden, dass ein kirchlicher Angestellter seinen Vorgesetzten gegenüber weisungsgebunden ist – das ist in jedem Unternehmen so!

[102] Im Folgenden: Meise, Geiz, S. 8ff. Vorübergehend warb SATURN mit: „Wir hassen teuer!"

[103] Meyer's Taschenlexikon, S. 1144f.

[104] Lütz, Riese, S. 94f.

[105] darauf weist Janz-Spaeth, Sag an, S. 51 hin.

[106] Dazu: „Der Kunde als Knecht", Beitrag in 3sat vom 08.02.10.

[107] Vgl. MM (Weltspiegel) vom 17./18.03.2012.

[108] Das belegt auch anschaulich am Tag nach Marcel Reich-Ranitzkis Kritik während der Verleihung des Deutschen Fernseh-

preises am 11.10.2008. Einige Damen, die im Zug in den Reihen hinter mir saßen, echauffierten sich heftig und mit Unverständnis gegen den deutschen Literatur-Papst, der es wagte, ihre vermeintlich-reale Lebenswelt so in Frage zu stellen.

[109] Münchner Merkur, Weltspiegel vom 28./29.04.2012.

[110] Lütz, Bluff, S. 85.

[111] Nicklas, Verbindung, S. 51.

[112] Lütz, Bluff, S. 38.

[113] Lütz, Bluff, S. 39.

[114] Clasrysse, Leben, S. 22.

[115] Nähere Informationen zu diesem Feld: GEO kompakt 15: Wie wir denken.

[116] So Jürgen Habermas an verschiedenen Stellen.

[117] Zum Gottesverständnis der Sokratiker, Kyniker, Platoniker, Aristoteliker, Stoiker und Epikureer: Rosen, Suche, S. 28 und 31.

[118] Ratzinger, Jesus, II S. 89.

[119] Vgl. Fendrich, Himmelhoch!, S. 65.

[120] Fendrich, Himmelhoch!, S. 63.

[121] Dieser Volksentscheid im Jahre 2012 wurde also buchstäblich zu einer Kraftprobe des Kapitalismus gegen die Vorgaben des vornehmsten (Kirchen-)Gebäudes der Stadt München.

[122] Man denke an die Internetwährung „Bitcoin", die ja kein materieller Wert mehr zugrunde liegt, wie einst noch Edelmetall in Form von geprägten Münzen. Dazu auch das „Falschgeld", das Maier zufolge von den Staaten aufgelegt wird, um ihre ungedeckten Schulden zu kaschieren.

[123] Vgl. Ratzinger, Jesus, II S. 122.

[124] Fendrich, Himmelhoch!, S 62f.

[125] Lütz, Bluff, S. 45.

[126] Wort des Jahres 2016.

[127] Vgl. Lütz, Gott, S. 24.

[128] Ratzinger, Einführung, S. 283.

[129] Vgl. Glonner, Erzieher, S. 123.

[130] Dassmann, Überschwänglich, S. 57.

[131] Das hat Benedikt XVI. während seines Deutschlandbesuchs vom 22.-25.09.2011 wiederholt angemahnt.

[132] Verlautbarungen des Apostolischen Stuhls Nr. 189, S. 154ff.
[133] In meiner Umfrage gaben 41,22 % der Befragten an, dass sie Zeuge des Todes bzw. der Beerdigung eines Familienangehörigen oder Freundes waren und immerhin 44,29 % haben in Form von Todesgefahr, schwerer Krankheit oder Todesangst dem Tod schon ins Angesicht geblickt.
[134] Vgl. Münchner Merkur vom 02.12.2015.
[135] Vgl. www.russische-kirche-l.de/mitteilungen/moskau/l-mit-m-08-1d.htm#200801.
[136] Müller/Pollak, Europa, S. 167ff.
[137] Schäfer, Pfingstbewegung, S. 201; heruntergerechnet auf die 57% Nichtmuslime in Nigeria bewegt sich die Zahl von Pfingstlern dort auf ca. 60%.
[138] Schäfer, Lateinamerika, S. 186ff; die aus den USA importierten protestantischen Pfingstkirchen graben momentan der katholischen Kirche in großem Maße das Wasser ab, was Benedikt XVI. während seiner Südamerika-Reise 2007 angemahnt hat.
[139] Kasper, Blick, S. 141.
[140] Kasper, Blick, S. 140.
[141] Vgl. dazu Freyberg, P. H., Wo haben Kinder ihren Platz im Gottesdienst?, Radio Horeb vom 18.12.2009.
[142] Vgl. Pressekonferenz von Erzbischof Reinhard Marx vom 27.06.2008; als PDF auf www.erzbistum-muenchen.de, S. 14f.
[143] Kasper, Kirche.
[144] P. Freyberg, Kinder.
[145] Lütz, Gott, S. 71-107.
[146] Ein Beispiel: Die Geschichte von David und Goliath will uns nicht erzählen, auf welche (technische) Art der unbewaffnete Knabe die hochgerüstete Kampfmaschine umlegte. Den Schlüssel bietet 1 Sam 17, 45: Goliath kommt mit Waffen, David aber *im Namen des Herrn.* Indem er sich zum Werkzeug Gottes macht, vollbringt Gott das Wunder durch ihn und liefert ihm den Riesen ans Messer.
[147] Bergmann, Kinder, S. 9.
[148] Bergmann, Kinder, S. 25.
[149] Bergmann, Kinder, S. 27.

[150] Bergmann, Kinder, S. 29.
[151] Vgl. dazu Glonner, Erzieher, S. 54ff.
[152] Ein Beispiel dieser Marktstrategie: jungen Mädchen *vor* der Geschlechtsreife werden bereits als Kundinnen für die Anti-Baby-Pille gebunden, da das Präparat als Kosmetik für reine Haut und schöne Haare angepriesen wird. B5-Das Gesundheitsmagazin vom 13.07.14. Text und Mitschnitt: http://www.br.de/radio/b5-aktuell/sendungen/gesundheitsmagazin/anti-baby-pille-lifestyle100.html.
[153] Die junge Kirche erwartete die baldige Wiederkehr Jesu (= Parusie) und lebte folglich in einer Art Endzeiterwartung, die sich auch vielerorts im Neuen Testament niedergeschlagen hat. Nun hat der wiederkehrende Jesus aber bis heute auf sich warten lassen. Dieses Ausbleiben nennt man Parusieverzögerung.
[154] Vgl. Lütz, Lebenslust, S. 257.
[155] Ratzinger, Jesus, II S. 262.
[156] Ratzinger zitiert in Leben gestalten 8, Donauwörth 2006, S. 111.
[157] vgl. Lütz, Riese, S. 98.
[158] In der Septuaginta *hagios* in der hebräischen Bibel *Qadōš = heilig, abgesondert, rein, tadellos*. Auch dem hebräischen Begriff *Kābōd = Herrlichkeit*, haftet die Bedeutung „*erhaben, heilig*" an; Ortkemper, Tod, S. 44.
[159] Ratzinger, Jesus, II S. 104.
[160] Birnstein, Katholisch – never, S. 62.
[161] Ratzinger, Jesus, II S. 104.
[162] Um Handlungsebene und Bedeutungsebene zu verdeutlichen, sei auf die Komödie *Amphytreon* verwiesen: Auf der Handlungsebene ein ulkiges Verwechslungsstück, in dem sich Zeus in Gestalt des Amphytreon bei dessen Frau einschleicht, gewinnt das Stück auf der Bedeutungsebene tiefe menschliche Aktualität, die es bis heute sehenswert macht, weil solches Täuschen jeder Mensch aus seinem eigenen Erfahrungsschatz nachvollziehen kann.
[163] Vgl. Paul Tillichs „protestantisches Prinzip", zitiert nach Birnstein, Katholisch – never, S. 60f.
[164] Verlautbarungen des Apostolischen Stuhls Nr. 189, S. 128.

[165] Vgl. dazu auch Ratzinger, Jesus, II S. 104
[166] SC 14, 30, 48, 50, 114; GS 4.
[167] vgl. Lütz, Lebenslust, S. 255.
[168] Morillon, Mystiker, S. 61.
[169] Teil IV der BR-Filmdokumentation *Unsere Wittelsbacher* von 2006.
[170] Vgl. Bergmann, Kinder, S. 12.
[171] Von seinem Wesen her ist das Halleluja ein Jubelschrei; Schroer/Staubli, Körpersymbolik, S. 45 übersetzen es gar als „jodeln". Es käme also dem Aufbrausen der Menge bei einem Rockkonzert oder im Fußballstadion gleich.
[172] Münchner Merkur vom 19.12.2016. Es handelt sich dabei um eine Umfrage von INSA unter 2148 Personen im Auftrag der Bild-Zeitung und um eine TNS-Emnid-Umfrage unter 1007 Teilnehmern.
[173] Vgl. Schroer/Staupli, Körpersymbole, S. 45ff.
[174] Ratzinger, Gemeinschaft, zit. nach Farbe bekennen 11, S. 77.
[175] Vgl. die Bemerkung einer atheistischen Schülerin am Ende von Punkt 2.4.
[176] Es gibt heute die Tendenz, den griechischen Referenztext ins Aramäische „rückübersetzen" zu wollen, da Jesus ja Aramäisch gesprochen habe. Dazu beispielsweise Alt, F., Was Jesus wirklich gesagt hat. Dabei ist aber zur Vorsicht zu mahnen, da jede Überset-zung auch sofort wieder Interpretation ist. Wir müssen uns damit zufriedengeben, darauf zu vertrauen, dass die biblischen Autoren schon gewissenhaft ins Griechische übersetzten.
[177] Vgl. dazu DCE 4-7.
[178] Dazu ausführlich Lütz, Lebenslust, S. 255.
[179] So Walter Kardinal Kasper am 21.11.2011.
[180] Freyberg, Kinder.
[181] Nietzsche, der tolle Mensch, zitiert nach Farbe bekennen 12, S. 111f.
[182] GS 7.
[183] Tardieu, Markion, S. 34.
[184] „Die Gute Nachricht", MM vom 09./10.04.09 zitiert eine Studie des Allensbacher Instituts für Demoskopie: Den meisten Eltern ist heute eine *„starkes Selbstbewusstsein, Durchsetzungsfähigkeit und Willensstärke [...] wichtiger, als Anpassungsbereitschaft.*" ihrer

Schützlinge.

[185] Dazu merkte Douglas R. Hofstadter, einer der es wissen muss, an: *„Der wahre Egoist kooperiert"*. Nach Vogel, Egoist, S. 42.

[186] Steindlmüller erzählte auch von den gleichen Erlebnissen, wie ich sie oben schildere. Zu seinem Werdegang siehe MM vom 29.06.09, S. 3. Hinter alledem verbirgt sich der Begriff der *Frömmigkeit*. Siehe dazu auch Janz-Spaeth, Sag an, S. 50f.

[187] Bergmann, Kinder, spricht hier von einem *allgemeinen menschlichen (wissenschaftlich belegten) Wissen*.

[188] P. Freyberg, Kinder; auch Bergmann, Kinder, S. 10.

[189] Bergmann, Kinder, S. 32.

[190] Dazu verweise ich auf meine Evaluation im Bereich existenzieller Erfahrungen vgl. oben.

[191] Bergmann, Kinder, S. 25.

[192] Bergmann, Kinder, S. 35.

[193] Bergmann, Kinder, S. 44.

[194] Bergmann, Kinder, S. 44.

[195] So etwa R. Wetscher unter www.eltern.de/kinderwunsch/zeugung/befruchtung.html.

[196] Schroer/Staubli, Körpersymbole, S. 58.

[197] Bergmann, Kinder, S. 46.

[198] Bergmann, Kinder, S. 46f.

[199] Bergmann, Kinder, S. 49.

[200] Ratzinger, Jesus, II S. 81.

[201] Wolf, Konzil, S. 53.

[202] In diesem Zusammenhang darf ich auf einen evangelischen Kollegen verweisen, der uns Katholiken um unsere zentrale, episkopale Institution beneidet, weil er in seiner Kirche mit ihrer Denkschriftmentalität eindeutige Werte und Positionen zu heiklen Themen vermisst.

[203] Schneider, Unfehlbarkeit, S. 68 weist mit LG 25; CD 12 darauf hin, dass die Glaubensverkündigung zu den vornehmlichsten Aufgaben der Kirche insgesamt und ihrer Beauftragten gehört. Daran hängt die Existenz der Kirche überhaupt.

[204] Vgl. Bergmann, Kinder, S. 46, 90, 115.

[205] Vgl. Bergmann, Kinder, S. 32.

[206] So definiert Bergmann, Kinder, S. 86 den Begriff „Bildung“.
[207] Zeit mit Gott 1/2009, S. 41f. Ganz ähnlich auch Ratzinger in: Leben gestalten 8, Donauwörth 2006, S. 111.
[208] Vgl. Le Bourhis / Caulle, Leitfaden, S. 11.
[209] Le Bourhis / Caulle, Leitfaden, S. 12, Bezug nehmend auf CT 5.
[210] Danach fragt CT 35.
[211] In sofern sollten die Kinder und Jugendlichen mit ihrer Lebenswelt im Zentrum stehen, wie es ja auch der Lehrplan Plus für Bayern ab dem Schuljahr 2017/18 fordert.
[212] CT 21, zit. nach Le Bourhis / Caulle, Leitfaden, S. 24.
[213] Nassehi, Kompetenz, S. 127.
[214] Knapp zusammengestellt in: Hilger, Methodenfragen, S. 216. Diese fünf Schritte werden in den Jahresthemen auch vom *Institute Notre Dame de Vie* umgesetzt.
[215] Auch die Katecheten in Frankreich müssen häufig die Kinder erst einmal zu einer neuen Innerlichkeit führen, die es ihnen erst ermöglicht, zu staunen, zu fragen etc. Auf dieses Fragen zielt auch der neue Lehrplan Plus in Bayern.
[216] Mir liegen hierzu „Religion vernetzt“ (Kösel) und „Leben gestalten“ (Auer/Klett) und in ersten Teilen „Religion vernetzt Plus“ (Kösel) vor.
[217] Vgl. Anmerkung oben zu Amphytreon.
[218] zit. nach Glaube leben 6, S. 26f.

8. Literaturverzeichnis

Einheitsübersetzung der Heiligen Schrift, Stuttgart 1979
Septuaginta, Stuttgart 1979
Nestle-Aland, Das Neue Testament griechisch und deutsch, Stuttgart 1986

Becker-Huberti, M., Lexikon der Bräuche und Feste, Freiburg[4] 2007
DUDEN Herkunftswörterbuch, Mannheim, Wien, Zürich 1963
Meyer's Taschenlexikon in 10 Bänden, Augsburg 1999
Putzger Historischer Weltatlas, Berlin[103] 2001

8.1. Kirchliche Dokumente

Catechesi Tradenae (CT), Verlautbarungen des Apostolischen Stuhls 12, 1979
Christus Dominus (CD) in: Rahner, Vorgrimmler, Kleines Konzilskompendium, Freiburg[22] 1990, S. 257 - 250
Direktorium für die Katechese (DCG), Verlautbarungen des Apostolischen Stuhls 130, 1997
Deus Caritas Est (DCE), Verlautbarungen des Apostolischen Stuhls 171, 2006
Gaudium et Spes (GS) in: Rahner, Vorgrimmler, Kleines Konzilskompendium, Freiburg[22] 1990, S. 449 – 552
Lumen Gentium (LG) in: Rahner, Vorgrimmler, Kleines Konzilskompendium, Freiburg[22] 1990, S. 123 - 196
Sacrosanctum Consilium (SC) in: Rahner, Vorgrimmler, Kleines Konzilskompendium, Freiburg[22] 1990, S. 51 – 90

Spe Salvi (SS), Verlautbarungen des Apostolischen Stuhls 179, 2007

Katechismus der katholischen Kirche, München, 1993
Apostolische Reise Seiner Heiligkeit Papst Benedikt XVI. nach Berlin, Erfurt und Freiburg 22.–25. September 2011, Predigten, Ansprachen und Grußworte, Verlautbarungen des Heiligen Stuhls 189, 2011

8.2. Monographien und Aufsätze

Albani, M., Stars und Sterne. Der Stern des Messias und die Sterne der Könige in: WUB 26, Stuttgart 2002, S. 26ff
Amery, C., Global Exit, München 2002
Angenendt, A., Toleranz und Gewalt, Münster[5] 2012
Becker-Göpner, N., Liebefalle Baby in: Kidsgo, Apr. 2011, S. 8
Bergmann, W., Lasst eure Kinder in Ruhe! München 2011
Birnstein, U., Katholisch? Never!, München 2010
Blech, J., Geheimnis der Gesundheit in: DER SPIEGEL 40/2009, S. 122ff
Bodensteiner, P. / Weidinger, N. (Hrsg.), Religionsunterricht in offener Gesellschaft in: Argumente und Materialien zum Zeitgeschehen 64, München 2009
Brandmüller, W./Langer, I., Der Fall Galilei und andere Irrtümer, Augsburg 2006
Clarysse, W., Vom Leben in zwei Kulturen in: WUB 55, Stuttgart 2010, S. 19 – 23.
Collani, C. von, Verbotene Riten. Das tragische Scheitern der Chinamission in der frühen Neuzeit in: WUB Sonderheft 2002, S. 58ff

Dassmann, E., Überschwänglich auf die Welt verzichten in: WUB 60, Stuttgart 2011, S. 54 – 60.

Der Christliche Osten 6/2010, S. 316

Fendrich, H., Himmelhoch! in: WUB 37, Stuttgart 2005, S. 58ff

Feuerbach, L. Das Wesen des Christentums, Stuttgart 1969

Gabriel, K., Religiöser Pluralismus. Die Kirche in Westdeutschland in: Religionsmonitor 2008, Gütersloh, 2007, S. 76ff

Glonner, G., Der göttliche Erzieher, München² 2016

Hilger, G., Wie Religionsunterricht gestalten? – Methodenfrage in: Religionsdidaktik. Ein Leitfaden für Studium, Ausbildung und Beruf, München⁴ 2007, S. 201ff

Horst, E., Caesar, Düsseldrof 1989

Janz-Spaeth, B., Sag an, wer ist doch diese in: WUB 54, Stuttgart 2009, S. 49 – 55.

Kasper, W., Ein persönlicher Blick auf die katholische Kirche in der Welt in: Religionsmonitor 2008, Gütersloh, 2007, S. 135ff

Kasper, W., Katholische Kirche heute, gestern und morgen, Vortrag in der Katholischen Akademie München am 21.11.2011

Kegel, B., Epigenetik, Köln² 2009

Kiefer, C., Der Quantenkosmos, Frankfurt 2008

Kosmos Himmelsjahr 2009

Krech, V., Exklusivität, Bricolage und Dialogbereitschaft. Wie die Deutschen mit religiöser Vielfalt umgehen in: Religionsmonitor 2008, Gütersloh, 2007, S. 33ff

Le Bourhis, A.-M. / Caulle, B., „Komm, folge mir nach" ein Weg der Glaubensvermittlung. Leitfaden für den

Katechisten, in: Editions du Jubilé, inoffizielle deutsche Übersetzung ad experimentum, Weisendorf ohne Jahreangabe
Lütz, M., Der blockierte Riese - Psycho-Analyse der katholischen Kirche, Augsburg 1999
Lütz, M., Lebenslust - Wider die Diät-Sadisten, den Gesundheitswahn und den Fitness-Kult, München 2002
Lütz, M., Gott. Eine kleine Geschichte des Größten, München 2007
Lütz, M., Bluff!, München 2012
Maier, M., Die Plünderung der Welt, München 2014
Meise, S., Wie geil ist Geiz in: Public Forum (23/2005), S. 8ff
Meulemann, H., Existenzialismus, Naturalismus und Christentum. Religiöse Weltbilder in Deutschland 1982-2007 in: Religionsmonitor 2008, Gütersloh, 2007, S. 104ff
Morillon, M., Paulus der Mystiker in: WUB 51, Stuttgart 2009, S. 61 – 63.
Morris, D., Das Tier Mensch, Köln, 1994
Müller, O. / Pollak, D., Wie religiös ist Europa? Kirchlichkeit, Religiosität und Spiritualität in West- und Osteuropa in: Religionsmonitor 2008, Gütersloh, 2007, S. 167ff
Nassehi, A., Erstaunliche religiöse Kompetenz. Qualitative Ergebnisse des RELIGIONSMONITORS in: Religionsmonitor 2008, Gütersloh, 2007, S. 113ff
Nicklas, T., Verbindung zu den Toten. Gegenseitige Fürbitte – auch über den Tod hinaus in: WUB 43, Stuttgart 2007, S. 150f
Nietzsche, F., Die fröhliche Wissenschaft in: Schlechta, K., Werke in 3 Bänden, München[9] 1982

Ortkemper, F.-J., Tod, wo ist dein Stachel in: WUB 40, Stuttgart 2006, S. 43 – 49.

Ratzinger, J., Zur Gemeinschaft gerufen. Kirche heute verstehen, Freiburg/Basel/Wien[2] 1992

Ratzinger, J., Einführung in das Christentum, München[3] 2005

Ratzinger, J., Glaube – Wahrheit – Toleranz. Das Christentum und die Weltreligionen, Freiburg, Basel, Wien [3] 2004

Ratzinger, J., Jesus von Nazareth. II. Teil: Vom Einzug in Jerusalem bis zur Auferstehung, Freiburg, Basel, Wien, 2011

Schäfer, H., Homogenität – Transformation – Polarisierung. Religiosität in Lateinamerika in: Religionsmonitor 2008, Gütersloh, 2007, S. 186ff

Schäfer, H., Vielfalt – Exorzismus – Weltende. Die besondere Dynamik der Pfingstbewegung in: Religionsmonitor 2008, Gütersloh, 2007, S. 199ff

Schmidt, J.R.W., Der Hexenhammer, Berlin, Lepzig 1923

Schneider, H., Ein antiker Reisender: Kosmas der Indienfahrer in: WUB Sonderheft 2002, S. 75f.

Schroer, S. / Staubli, Th., Die Körpersymbolik der Bibel, Gütersloh[2] 2005

Tardieu, M., Markion, der radikale Bruch in: WUB 38, Stuttgart 2005, S. 34 – 37.

Vogel, C., Der wahre Egoist kooperiert, Bielefeld 1995

Wolf, H., Konzil und/oder Papst?, Bemerkungen zu einem Grundproblem der Kirchengeschichte in: WUB Sonderheft Päpste, Stuttgart 2006, S. 53 – 57.

Wolf, N., Worauf warten wir? Ketzerische Gedanken zu Deutschland, Reinbek 2006

Ziebertz, H-G., Gesellschaftliche Herausfoerderungen

der Religionsdidaktik in: Religionsdidaktik. Ein Leitfaden für Studium, Ausbildung und Beruf, München[4] 2007, S. 67ff

Farbe bekennen 11, München 1994

GEO kompakt 15: Wie wir denken. Hamburg 2008

Religion vernetzt, Unterrichtswerk für katholische Religion an Gymnasien, München 2004 – 2010

Leben gestalten, Unterrichtswerk für katholische Religion am Gymnasium, Donauwörth / Stuttgart 2005 – 2011

Zeit mit Gott 1/2009, S. 9f

8.3. Zeitungsartikel

Münchner Merkur, verschiedene Artikel

TZ vom 22/23.09.07

8.4. Internet

B5-Das Gesundheitsmagazin vom 13.07.14. Text und Mitschnitt: http://www.br.de/radio/b5-aktuell/sendungen/gesundheitsmagazin/anti-baby-pille-lifestyle100.html

Pressekonferenz von Erzbischof Reinhard Marx vom 27.06.2008; als PDF auf www.erzbistum-muenchen.de

shell_youth_study_2006_exposee.pdf

shell_youth_study_graphs.pdf

www.russische-kirche-l.de/mitteilungen/moskau/l-mit-m-08-1d.htm#200801

www.eltern.de/kinderwunsch/zeugung/befruchtung.html

8.5. Multimedia

Faltin, S., Der Kunde als Knecht - Warum wir alles selber machen, ein Film über den Arbeitenden Kunden, Erstsendung SWR, 19.05.08

Freyberg, P. H., Wo haben Kinder ihre Platz im Gottesdienst?, Radio Horeb vom 18.12.2009

Gruber, A., Das Blaue vom Himmel: Die Allmacht des Marktes als neue Religion, *kreuz & quer*-Filmessay, erstmals ausgestrahlt am 08.06.2004 im ORF 2

Sternstunden – Das Schicksal unseres Universums, Teil 4

Unsere Wittelsbacher, Dokumentarreihe, BR 2006, Teil 4

Human Journey – Wie der Mensch die Welt eroberte, BBC 2010, Teil 1

Georg Glonner

Der göttliche Erzieher

Die von Politik und Gesellschaft vielbeschworenen Werte sind bei jedem Einzelnen in seine ganz individuelle Religiosität eingebunden. Über deren Gestaltung wiederum entscheidet die Vorstellung, die man von Gott hat.
Und diese Vorstellungen sind sehr vielschichtig. Basierend auf eine Umfrage unter mehr als 600 Schülerinnen und Schülern werden die in unserer Gesellschaft tradierten Gottesbilder vorgestellt und kritisch hinterfragt.
In einem zweiten Teil wird anhand ausgewählter Bibelstellen sichtbar gemacht, wie sich der Eine Gott im Laufe von Jahrtausenden uns Menschen geduldig mitgeteilt hat und wie er uns so allmählich an den biblischen Monotheismus heranführte.
Diese Offenbarung Gottes ist auch immer ein Weg zum wahren, gottbestimmten Menschsein und ein Prozess, der sich bis heute fortsetzt und wesentlich die Entscheidungen der Gegenwart mitgestaltet.

VERLAG GEORG GLONNER